シティズンシップへの教育

中山あおい・石川聡子・森 実・森田英嗣・鈴木真由子・園田雅春

新曜社

はじめに

　本書は、大学教育、とりわけ教員養成教育の中で「シティズンシップ」を培うことの意義を感じ、日々の実践を紡いでいる6人の教員によって執筆されました。

　その意図は、ユネスコの「高等教育世界宣言」として知られる「21世紀の高等教育 ── 展望と行動」(1998年)[1]でイメージされている高等教育像に符合します。すなわち、「高等教育世界宣言」において、「教育は、人権、民主主義、持続可能な開発及び平和のための基本的な柱」であると位置づけられ、格差社会の中で大衆化しつつある高等教育は、市民を育成する上で大きな役割を果たすべきだと述べられています。

　そこでは、たとえば、「人間の活動のあらゆる分野でのニーズを満たすことができるように、高い能力を持つ卒業生および信頼し得る市民を教育により生み出す」ことや、「民主的市民という基礎を形成する価値について青年を教育することにより、…社会的価値の保護と強化を支援する」(…部は引用者により省略) ことが使命の一つとして謳われています。また、「高等教育機関は、学生に、社会的責任意識とともに、自己の能力を十分に開発する機会を与え、民主主義社会に完全に参加し、平等と正義を育成する変革の推進者となるように教育しなければならない」との記述もみられ、社会の持続的な発展のために高等教育機関が貢献するべき役割の一つに、シティズンシップ(市民性)の育成があることが明示されています。

　こうした高等教育一般の使命に加えて、私たちはまた、将来の学校教員を育てる教員養成大学の教員として、より強くその使命を認識すべきだとも感じてきました。

　とりわけ最近の日本では、このところの新自由主義的な教育改革の影響下で、教育システムを狭い意味での"学力"を手に入れ、"良い就職"や"よい収入"を得る手段、すなわち個人的な利益追求の手段と見なす傾向が強

まってきました。本来教育には、こうした「私事性」だけでなく、健全かつ持続的に社会を展開させるに有為な人材を育成するという使命、すなわち「公事性」があるのですが、「勝ち組」になるための「競争」に駆り立てる社会的雰囲気のなかで、私たちも、学生たちも、ついついそのことを忘れがちになっています。

　そこで、私たちは、まずは私たちの勤務する大学で新しくシティズンシップ教育に関する講義を立ち上げ、教育の「公事性」についてともに考え、議論する機会を作りたいと考えました。

　本書は、そのテキストとして執筆されたものです。本書がこうした意図に相応しく構成され得たかどうかは読者の皆さんの評価に待ちたいと思います。本書には、まだ考えの至らないところや論じたりないところ、資料が足りず独断的になってしまっているところがたくさんあると思われます。読者の皆さんの叱正を待つとともに、本書の意図や企画、論述がきっかけとなって高等教育段階、とりわけ教員養成教育においてシティズンシップ教育の研究や実践がより広く、そして深く展開していくことを期待したいと思います。

　最後に、私たちのこの企てを見守り、遅筆な私たちを辛抱強く励まし、原稿の不整合を正して下さった新曜社編集部の塩浦暲さんに心から感謝いたします。

　　　2010年8月盛夏

　　　　　　　　　　　　　　　　　　　　　　　　　　執筆者一同

目　次

はじめに　i

序章　民主主義の危機とシティズンシップ教育 ——— 森　実　1
 (1) シティズンシップ教育への注目　1
 (2) さまざまなシティズンシップ教育のとらえ方　3
 (3) 参加とは何か？　4
 (4) 批判的視点　7
 (5) 私たちのとらえるシティズンシップ教育　8

第1章　今、なぜシティズンシップ教育か ——— 中山あおい　11
 第1節　シティズンシップとは？　11
  (1) はじめに　11
  (2) シティズンシップとは？　12
  (3) 権利と義務から参加へ　13
 第2節　グローバル時代に求められるシティズンシップ　14
 第3節　EUの試み —— グローバル化に伴う「知識基盤型経済」
    社会への対応　16
  (1) アクティブ・シティズンシップ　16
  (2) 市民コンピテンシー　19
 第4節　欧州評議会のシティズンシップ教育　22
 第5節　日本でのシティズンシップ教育の動向　27
  (1) 「シティズンシップ教育宣言」　27
  (2) お茶の水女子大学附属小学校の活動　28
 第6節　おわりに　29
 【さらに学びたい人のための読書案内】　30

第2章　シティズンシップと環境教育 ──── 石川聡子　33

第1節　環境教育とは　34
(1) はじめに　34
(2) 環境とは　35
(3) 国連による環境教育　36
(4) 公害教育と自然保護教育　38
(5) 学校における環境教育　40
(6) 持続可能な開発のための教育　41

第2節　環境教育がめざすもの　43
(1) 環境教育の3つの原理　43
(2) 環境教育の3つの志向性　47
(3) 強いシティズンシップと弱いシティズンシップ　53
(4) 環境教育で育てたい資質　55

第3節　環境教育実践に見るシティズンシップ　58
(1) 貧しい国の人を思い、残さず食べる　58
(2) みんなで環境に配慮した学校にするしくみ　60

【さらに学びたい人のための読書案内】　64

第3章　人権教育を核とするシティズンシップ教育 ── 森　実　65

第1節　日本における全国的な人権教育の特徴と課題　66
(1) 大阪教育大学での学生調査から　66
(2) 文部科学省による「人権教育の推進に関する取組状況調査」　68

第2節　ヨーロッパと国連における人権教育とシティズンシップ教育　74
(1) ヨーロッパ　74
(2) 国際連合　76
(3) 日本にとっての意味　77

第3節　人権教育をシティズンシップ教育に発展させるために　78
(1) まちづくり人権総合学習の展開　78
(2) 人権起業家教育とシティズンシップ教育　81

第4節　同和教育の観点から見たシティズンシップ教育への提案　84

目　次

　　　(1) 差別の現実から深く学ぶ　　　　　　　　　　　　84
　　　(2) 自己との関わりについて認識を深める　　　　　　85
　　　(3) 排除されやすい不利な立場にある子どもを中心に据える　86
　　　(4) 教育と運動を結びつける　　　　　　　　　　　　87
　　　(5) 現実認識を土台に、科学的・芸術的認識を育む　　88
　　第5節　人権教育とシティズンシップ教育が手を携えて　　89
　【さらに学びたい人のための読書案内】　　　　　　　　　90

第4章　民主主義を支えるしくみとしての〈メディア〉と
　　　その理解　―――――――――――――― 森田英嗣　93
　　第1節　私たちにとって〈メディア〉とは何か？　　　　94
　　　(1) 〈メディア〉とは　　　　　　　　　　　　　　　94
　　　(2) 〈メディア〉と私たちの社会生活　　　　　　　　94
　　　(3) 〈メディア〉の影響　　　　　　　　　　　　　　95
　　第2節　シティズンシップ教育で〈メディア〉がテーマになる理由　96
　　　(1) 市民が持つべき力　　　　　　　　　　　　　　　96
　　　(2) メディアリテラシーの必要　　　　　　　　　　　97
　　　(3) 情報リテラシーの必要　　　　　　　　　　　　 103
　　　(4) 民主的な〈情報〉空間とそのメンテナンス　　　 108
　　第3節　〈メディア〉教育の編み直し　　　　　　　　 113
　　　(1) 教育課程への組み込み　　　　　　　　　　　　 113
　　　(2) 中善則氏の実践に学ぶ　　　　　　　　　　　　 115
　　　(3) 中実践の意味　　　　　　　　　　　　　　　　 118
　　第4節　おわりに　　　　　　　　　　　　　　　　　 120
　【さらに学びたい人のための読書案内】　　　　　　　 121

第5章　消費者教育をとおして育てるシティズンシップ
　　　―――――――――――――――――― 鈴木真由子　123
　　第1節　消費者教育が求められる背景　　　　　　　　 124
　　　(1) はじめに　　　　　　　　　　　　　　　　　　 124

(2) 消費者教育とは　　　　　　　　　　　　　　　　　125
　　　(3) 生活を取り巻く環境の変化　　　　　　　　　　　　127
　　　(4) 消費者政策の転換 ── 保護から自立へ　　　　　　130
　第2節　消費者市民の育成と消費者教育　　　　　　　　　　133
　　　(1) 欧米の消費者運動・消費者教育を振り返る　　　　　133
　　　(2) 欧米の消費者教育の特徴　　　　　　　　　　　　　136
　第3節　消費者市民社会の実現へ向けて　　　　　　　　　　140
　　　(1) 消費者市民社会とは　　　　　　　　　　　　　　　140
　　　(2) 消費者市民になるために　　　　　　　　　　　　　142
　第4節　消費者教育の実践例に見るシティズンシップ　　　　147
　　　(1) 小学校における実践の概要　　　　　　　　　　　　147
　　　(2) 実践の背景と特徴　　　　　　　　　　　　　　　　147
　　　(3) 三好・奥谷実践とシティズンシップのかかわり　　　149
　第5節　おわりに　　　　　　　　　　　　　　　　　　　　152
　【さらに学びたい人のための読書案内】　　　　　　　　　　153

第6章　シティズンシップと学校教育 ──────── 園田雅春　155
　第1節　子どもとシティズンシップ　　　　　　　　　　　　156
　　　(1)「子どもの権利条約」とシティズンシップ　　　　　156
　　　(2) 子どもの表現に見る「意見表明権」　　　　　　　　158
　第2節　地域社会・学校と子どもの参加　　　　　　　　　　160
　　　(1) 地域社会における子どもの参加とその意味　　　　　160
　　　(2) 学校教育における子どもの参加の現状　　　　　　　163
　　　(3) 学級活動と子どもの参加　　　　　　　　　　　　　165
　　　(4) 学校における児童会活動の可能性　　　　　　　　　170
　第3節　シティズンシップを育む学習活動の事例　　　　　　173
　　　(1)「2分の1成人式」の取り組み　　　　　　　　　　173
　　　(2)「ヨリンダのリストづくり」を活用した参加活動の実践的展開　176
　【さらに学びたい人のための読書案内】　　　　　　　　　　182

目　次

終章　日本で「シティズンシップ教育」を
　　　立ち上げるということ ─────────── 森田英嗣　185
　　　（1）疑問1──「シティズンシップ教育」は、社会科教育や
　　　　　　その他の関連教育分野とどう関係するのか？　185
　　　（2）疑問2──私たちは「社会」に生きているのか
　　　　　　「世間」に生きているのか？　187
　　　（3）疑問3──「参加」の場としての大学はどうなっているのか？　189

あとがき　193
注　　　　195
索　引　　203

【コラム】
欧州評議会　23
欧州若者議会　26
PDCAサイクル　62
人権教育の指導方法等の在り方に関する調査研究会議　71
学習者から出発して社会に発信するためのADIDAS　82
自由と倫理　112
商品テスト雑誌『ConsumerReports』の影響　134
フェアトレード一考　141
インターネットがプロシューマーを育てる　144
子どもの子どもによる子どものための「学級憲法」　167
「ボランティア的シティズンシップ」と「政治的シティズンシップ」　172

装幀＝　虎尾　隆

序 章 民主主義の危機とシティズンシップ教育

森　実

> シティズンシップという概念は、都市や国などの正式な構成員（＝市民）として保障される**権利**、および市民たるにふさわしい**資質**、という二つの面を含みます。したがって、シティズンシップ教育とは、端的にいえば、市民としての権利について認識を培い、その社会に積極的に参加できるための資質を育む教育であるといえるでしょう。しかし、この規定から議論はすぐさま広がります。都市や国、国際地域や地球など所属する共同体の範囲をどのように設定するのか。市民に認められている権利や、市民として求められている資質の性格や内容をどのようにとらえるのか。権利と資質（ときには責任や義務）のいずれに力点を置くのか。どの領域にかかわる権利や資質を重視するのか。このような点をめぐる枠組みの違いにより、構想するシティズンシップ教育の姿もおのずと違ってきます。序章では、シティズンシップ教育をめぐるそのような構図を紹介するとともに、執筆者たちが重視したいと考えている問題意識の一端を論じます。

（1）シティズンシップ教育への注目

　この20年間ほど、シティズンシップ教育が世界で注目されるようになってきました。ヨーロッパでは、EUの活性化に伴って国を超えた人々の流動性が高まり、その一方で民族主義や人種差別が強まっていることなどから、国境を超えたヨーロッパ全体で共通の市民としての自覚が求められる

ようになりました。また、若者たちの無力感や政治離れへの危機感が高まったことも、若者の社会参加を促進するシティズンシップ教育に期待が寄せられるようになった一因です。カナダでも、さまざまな民族的・文化的多様性が広がる下で、シティズンシップ教育に期待が寄せられるようになっています。東南アジア各国においても、シティズンシップ教育が語られるようになりました。これらの国では、伝統的価値観に縛られた地域や共同体を、市民社会へと革新することが求められるようになっているといえます。ユネスコなど国連機関においても、シティズンシップ教育が提唱されています。

　世界各地でシティズンシップ教育が求められるようになった背景として共通するのは、次のような要因だといえるでしょう。

① グローバリゼーション
　資本も人も、国境を越えてどんどんと移動するようになりました。資本は安い労働力を求めて途上国へ、人はより高い賃金を求めて都市部や先進国へと移動していきます。最新のモノやサービスを提供しない限り、先進国の企業は生き残れなくなっています。環境問題も、地球規模で語られるようになりました。

② 知識基盤社会の到来
　世界は、モノをつくることを基本とする社会から、知識や情報に依拠する社会へと変貌しつつあります。モノをつくる場合にも、知識を土台に据えなければ成功しにくくなっています。

③ 貧富の格差拡大と、それに伴う社会分離への恐れ
　それらの結果、北の「豊かな国」と南の「貧しい国」という図式が変化し始め、国際的な地域間でもそれぞれの国のなかでも貧富の格差が広がりつつあります。国であれ地域であれ、ひとつの共同体としての連帯感が崩壊しつつあります。

④ 民族主義や人種差別などの跋扈(ばっこ)

このような動きに対する不安や無力感が広がり、その反動として差別を助長するような言動が顕著になってきています。失われつつある共同体感覚を取り戻そうとする動きともいえます。このままでは、社会の一体感が損なわれかねません。

⑤ とりわけ若者に見られる、無力感や社会参加の低下

若者の投票率は、多くの国で低下してきています。政治的無力感、社会的正義への不信感、アイデンティティの混乱など、社会参加を妨げる要因はさまざまにあります。

このような諸要因が絡み合って、民主主義への危機意識が広がっています。同時に、ここで求められる民主主義は、ひとつの国内で完結するようなものではないということも明らかです。こうして、新しいシティズンシップ教育が提唱されるようになりました。共通の背景を持ちつつ、さまざまな国で、シティズンシップそのものも、シティズンシップ教育も、議論の的になっています。

(2) さまざまなシティズンシップ教育のとらえ方

必要性がさまざまな側面にわたることからもわかるとおり、どの要因に力点をおいてシティズンシップをとらえ、既存の教育制度との関連をどう整理しつつシティズンシップ教育を構想するかによって、シティズンシップ教育の性格や具体的展開は異なります。

ヨーロッパにおいても日本においても、それぞれの動向のなかで、シティズンシップ教育が提案されています。第1章で紹介するように、たとえば、経済産業省の組織した「シティズンシップ教育と経済社会での人々の活躍についての研究会」により、2006年に「シティズンシップ教育宣言」が出されました[1]。そこで規定されているシティズンシップとは、「多様な価値観や文化で構成される社会において、個人が自己を守り、自己実現を図

るとともに、よりよい社会の実現に寄与するという目的のために、社会の意思決定や運営の過程において、個人としての権利と義務を行使し、多様な関係者と積極的に（アクティブに）関わろうとする資質」を指しています。そして、そのような資質を育てる教育が、とりもなおさずシティズンシップ教育だとされています。

　おおよそのところでは妥当な定義といえるかもしれません。けれども、詳しく吟味し、実践に移そうとすれば、すぐさま未整理な部分があることが明らかになります。「多様な価値観や文化」を何でも肯定してしまえば、社会としてのまとまりはどうなるのでしょうか。どのような特徴を持っていれば、「よりよい社会」といえるのでしょうか。「個人としての権利と義務」とあるのですが、その具体的内容は何であり、それを決めるのは誰だというのでしょうか。「多様な関係者と積極的に（アクティブに）関わろうとする」ことは（いかなる意味で）必要なのでしょうか。ここで議論していることは、日本国内の社会という枠を前提にしているのでしょうか。それとも、東アジア共同体や世界共同体を基本に据えているのでしょうか。

　同研究会は、シティズンシップ教育は強制できないとして、学校で一人ひとりの教員が自発的に取り組むようになることを期待しています。しかし、それで本当に、シティズンシップ教育を推進できるのでしょうか。

(3) 参加とは何か？

　シティズンシップ教育では、「参加」がポイントのひとつになっています。しかし、この「参加」とは何かということをめぐっても議論があります。図序-1に示したように、ロジャー・ハート（Roger A. Heart）[2]が子どもの権利をめぐって「参加のはしご」を提案しています。彼によれば、「子どもの参加」はしばしばまやかしで使われており、そのなかには、「あやつり」やただの「お飾り」もしくは「形だけ」になっているものがあります。「参加」と言うからには、少なくとも「仕事を割り当てられ、情報は与えられている」ことが不可欠だといいます。しかしこれも十全な参加ではありません。その上の段にあるのは、「子どもは相談を受け、情報を与

序　章　民主主義の危機とシティズンシップ教育

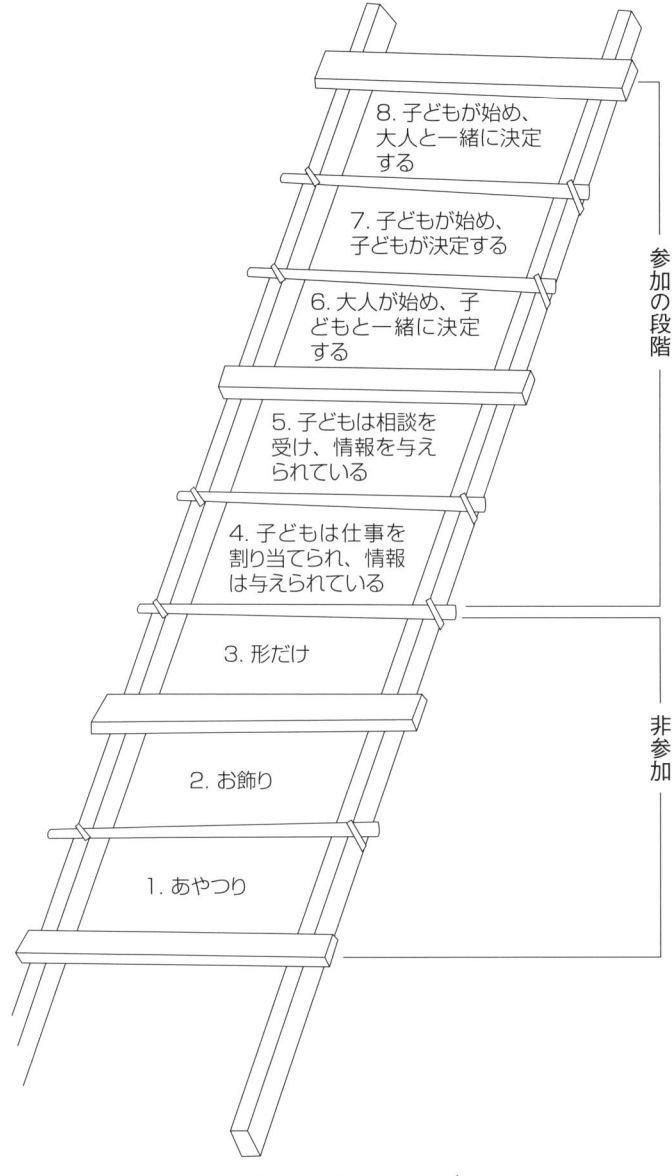

図序-1　参加のはしご
（ECPAT International（1999）*Standing Up For Ourselves*, UNISEF, Manila, p.40より作成）

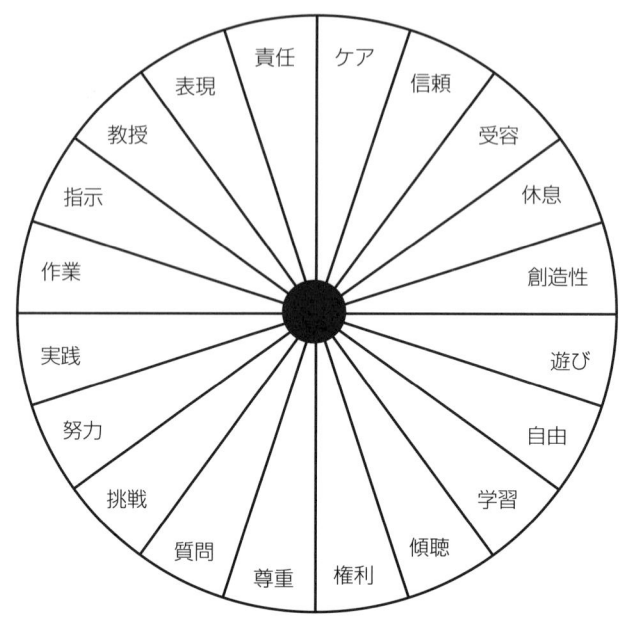

図序-2 参加の車輪
（ECPAT International（1999）*Standing Up For Ourselves*, UNICEF, Manila, p.44より作図）

えられている」という場合であり、さらには「大人が始め、子どもと一緒に決定する」という状態がその上にあります。その上に位置づけられている「子どもが始め、子どもが決定する」と「子どもが始め、大人と一緒に決定する」の間には、明確な上下関係はありません。ハートのはしごの図は、「子どもが始め、大人と一緒に決定する」だけが本来の参加であって他はダメだ、といったことを主張するためのものではありません。参加にはさまざまな様相があり、それらを自覚的に区別して子どもの主体性を尊重することを追求しようという提案です。ハートの主張は、シティズンシップにおける「参加」を議論するときにも参考になります。

　しかし、ハートの主張に対して異論もあります。ハートの主張は、もっぱら「意思決定への参加」を「参加」ととらえており、活動全般がとらえられていないというのです。このように主張しているハルドーソン（L.

Halldorson)[3]は、次の図序-2にある「参加の車輪」を提唱しました。参加が議論になる活動には、この車輪で表されているようにさまざまな領域があります。車輪の反対側にあるのは、だいたい相対する性格の活動です。これらすべての領域について参加が議論されてしかるべきだというのです。

　本書で取り上げるのは子どもの参加ではありませんが、参加とは何か、それを促進するとはどういうことか、といった点を議論するにあたっては、参考になるものと思います。

　とりわけ日本語で「参加」といえば、会議などへの「出席」とほぼ同じ意味で使われることが多くあります。その場にいさえすれば参加していると見なされているのです。しかし、ハートやハルドーソンの議論に照らし合わせれば、それでは参加とはいえないことが明確になります。

　シティズンシップ教育では、教室で座学をとおして学ぶだけではなく、社会的な活動に参加して学ぶことが重視されています。社会的な活動に参加するという場合、その参加にはどの程度の意思決定への参加が含まれているのか、ひとりの主体としての意思決定が尊重されているのか、社会変革も参加に含まれるのか、といった点が吟味されなければなりません。

(4) 批判的視点

　組織や社会を変革することが含意されているとすれば、参加する側には、現状を批判的（critical）にとらえる力が必要です。ここでいう「批判的」とは、現状や誰かの主張を否定的にとらえることを意味するのではありません。組織などの現状についてであれば、その組織が公正さを備えているのか、意思決定が合理的・民主主義的になされているのか、といったことを吟味する視点や方法を身につけているということです。誰かの意見についてであれば、その意見が事実に裏付けられた主張なのか、事実に裏付けられているとすれば、あまたある事実のなかからどうしてその事実を取り上げるのか、事実から論理的・必然的に導かれる主張だといえるのか、といった点を吟味しながら受け止めるということを指しています。

　シティズンシップ教育とは、このような意味での批判的視点を培おうと

する教育です。本書自体が批判的視点を持って書き進められています。読み手の皆さんも、本書の内容を批判的に読み進めていただきたいと思っています。それ自体が、シティズンシップ学習の実践といえます。

(5) 私たちのとらえるシティズンシップ教育

　このように、シティズンシップ教育をめぐっては、さまざまな立場や意見があります。そこで、本書を著した私たちや、本書のなりたちや特徴を簡単に説明しておきたいと思います。

　「あとがき」にもあるとおり、わたしたちの研究会は、大阪教育大学の教員でシティズンシップ教育に関心を寄せるメンバーにより成り立っています。メンバーそれぞれが特に関心を寄せているテーマは、教育方法学、学級経営、学校の民主化、ヨーロッパにおける多文化教育、環境教育、人権教育、いのちの教育、消費者教育などさまざまです。いわば、多様な問題意識を抱く研究者が、それぞれのルートからシティズンシップ教育に関心を寄せるようになったということができるでしょう。

　シティズンシップ教育のとらえ方や、シティズンシップ教育に寄せる期待も完璧に一致しているわけではありません。それぞれの専門とする教育課題を発展させる上で、シティズンシップ教育が梃子となると考えているメンバーもいます。自分の考えてきたことを明確化する上で、シティズンシップ教育という概念が手がかりを提供してくれていると感じているメンバーもいます。シティズンシップ教育について考えることによって、日本の教育課題を整理する手がかりが得られるというメンバーもいます。

　共通しているのは、日本でこれからの学校を構想するときに、シティズンシップ教育が不可欠だという強い思いです。お互いの問題意識を交流しながら研究会を重ねることにより、その思いはいっそう強くなりました。シティズンシップ教育が私たちを結びつけてくれたのです。そして、大阪教育大学の学生たちにもぜひシティズンシップについて考えてもらいたい。そのための授業を開設しようということになりました。

　本書が編集された目的のひとつは、その授業の教科書にするということ

でした。しかし、それが主な目的ではありません。それぞれの問題意識をひとつの著作としてまとめることによって、シティズンシップ教育をめぐる動きに対して問題提起をしたいという強い思いがありました。

結果として本書は、執筆者それぞれの問題意識を強く反映した、論集的な性格を強く持つこととなりました。あえて統一した何かを打ち出すというよりも、論集としての性格を前に出すことによって、逆に共通のメッセージを届けられたのではないかと考えています。それは、シティズンシップ教育の孕んでいる可能性であり、求心力です。一言でいえば、「シティズンシップ教育はおもしろい」ということです。

私たちの勤める大阪教育大学では、「学士力」としてシティズンシップを位置づけています。2010年度より始まった第二期中期計画において、大学をあげてシティズンシップを追求し、それを育てることを謳っているのです。私たちの試みは、本学のこのような動きとも連動しています。本書が、学内外の議論の輪が広がるきっかけになることも期待しています。

読者の皆さんが、私たちの論考から刺激を受け止めてくださり、自分なりのシティズンシップやシティズンシップ教育へのイメージを広げる手がかりにしてくだされば、私たちにとってそれほど嬉しいことはありません。

第1章　今、なぜシティズンシップ教育か

中山あおい

> この章では、はじめにシティズンシップとは何かということについて、いくつかの定義を紹介しながら、近年それがどのように考えられているのか、またどうしてシティズンシップの概念が変わってきたのか、その背景を検討します。次に、ヨーロッパの事例として、EUの推奨するアクティブ・シティズンシップや市民コンピテンシー、欧州評議会の民主主義的シティズンシップ教育など、最近の動向について紹介しながら、今日、どのようなシティズンシップが求められているのか考えていきます。そして最後に、日本のシティズンシップ教育について、最近の動向を検討します。

第1節　シティズンシップとは？

(1) はじめに

　2008年3月、経済産業省は「シティズンシップ教育宣言」というパンフレットを公表しました。そこには、価値観が多様化する社会のなかで、「一人ひとりが個性を発揮しながら、よりよい社会づくりに関わるために必要な能力を身につけるための教育のあり方」としてシティズンシップ教育の必要性が述べられています。「シティズンシップ」あるいは「シティズンシップ教育」という言葉は、最近は日本でも耳にするようになってきましたが、

90年代から世界的に議論され、関心を集めてきました。なぜ、今、日本や世界で「シティズンシップ」に注目が集まり、「シティズンシップ教育」が求められているのでしょうか。本章では、ユネスコやヨーロッパの動向を振り返りながら、今日求められている「シティズンシップ」や、そのための教育について考えていきます。

(2) シティズンシップとは？

　そもそも、シティズンシップという言葉にはどんな意味があるのでしょうか。手元にあるジーニアス英和辞典には、市民権、公民権、市民（国民）であること、国籍、その身分（資格、義務）等と書いてあります。しかし、市民権と公民権と国籍というのはそもそも一致するものなのでしょうか。マーシャル（T. H. Marshall）は、シティズンシップを、(1)「公民権」ないし「市民的諸権利」(civil rights) と総称される諸権利（裁判を受ける権利、信仰、良心、言論、身体、住居、職業選択の自由など）、(2)「参政権」ないし「政治的諸権利」(political right) と総称される権利、(3)「社会権」ないし「社会的諸権利」(social rights) と総称される権利、たとえば、教育を受ける権利、社会保障に関する権利等の3権利群に分類しています[1]。そして、それぞれが18世紀、19世紀、20世紀に、この順番で発展したと論じています。グローバル化が進み、国境を越えた人の移動が増している現在、生まれた国と国籍が異なる、あるいは、生まれた国と住んでいる国が異なる人々が増加しており、「参政権」がなくても、「公民権」や「社会権」は持っているということが珍しくなくなってきました。さらに「国籍」を2つ持つ人々もいます。

　特に、第二次大戦後に移民が多く流入したヨーロッパでは、国籍と生まれた国と住んでいる国が異なるケースはよくあります。たとえば、両親がルーマニア人のドイツ生まれの若者が、オーストリアに住んで仕事をするということもあり得ます。さらに、ヨーロッパでは1993年のマーストリヒト条約のもとでEUの統合が進んでおり、EU域内の移動と就労の自由、地方参政権やEU議会の投票権を権利として含む、ヨーロッピアン・シ

ティズンシップ（ヨーロッパ市民権）が現実のものとなりました。このように、ヨーロッパでは多層型シティズンシップ（連邦国家の州と連邦、ヨーロッパの場合はEUと加盟国と加盟国の州等）や並列型シティズンシップ（二重市民権等）が見られるようになり、シティズンシップ概念が多様化してきています。

　日本でも、生まれた国と国籍が異なる場合や、90年以降はニューカマーと呼ばれる定住外国人が増加しています。近年では日本に定住している外国籍の人々の地方参政権の付与をめぐる議論が起きており、シティズンシップ概念の再検討が必要になってきているといえるでしょう。

(3) 権利と義務から参加へ

　マーシャルのシティズンシップは権利の側面が強調されていますが、教育を受けることは、権利であるとともに義務であるように、権利と義務は裏表の関係にあります。ところが、このような法的な諸権利と義務は重要なものですが、一人ひとりの市民の声が聞かれるような政府をつくり、市民社会を豊かにするためには、それだけでは十分とはいえません。そのためには、政治プロセスへの個々人の参加や行動が重要であり、シティズンシップも、民主主義への個々人の参加という点で理解される必要があるのです。

　ディランティ（G. Delanty）は、先に挙げたマーシャルのシティズンシップを批判的にとらえ、近代的シティズンシップは権利、義務、参加、アイデンティティの4つの構成要素からなると論じています。そして、近年では、参加やアイデンティティが重視されるようになったと指摘しています[2]。たとえば、シティズンシップ教育を推奨している欧州評議会（Council of Europe）では、「市民・シティズンシップは、権利と義務だけではなく、平等、多様性（diversity）、社会的正義を含むものである。もはや投票だけではなく、コミュニティ（ローカル、ナショナル、リージョナル、インターナショナル）に作用するさまざまな行動を含むものでなければならず、個々人が共に行動できる公共の場（public space）が必要である」とされ、参加や行動を重視したシティズンシップ概念が示されています[3]。

このように考えると、権利や義務を持つだけではなく、コミュニティに所属し、民主主義社会に自ら積極的に参加し、行動していくことがシティズンシップに求められているということができるでしょう。このことは、EUでよく用いられる、「アクティブ・シティズンシップ (active citizenship)」という言葉にも表れています。ホスキンス (B. Hoskins) は、「アクティブ・シティズンシップ」を、「人権や民主主義をもとにした相互の尊敬と非暴力を特徴とする市民社会やコミュニティ、あるいは政治生活 (political life) への参加」であるとし、その参加活動は、投票やコミュニティへの日常的な参加、責任ある消費行動、NPOへの参加を含む多様な活動を含むものとして想定しています[4]。このようにシティズンシップ概念は、権利と義務という側面から、個々人の市民社会やコミュニティへのさまざまな参加や行動へと重点が変化してきています。このような変化は特に近年になって多く議論されるようになりましたが、それにはどのような背景があるのでしょうか。

第2節 グローバル時代に求められるシティズンシップ

　個々人の「参加」や「行動」を重視したシティズンシップの育成が世界的に議論されるようになったのは90年代です。ユネスコは、1995年の「平和・人権・民主主義教育に関する総合的行動要綱」において、「いっそうグローバルな視点を強調し、国境の内側、地域社会を多元主義社会、多文化社会と認識し、そこに生きる次世代のシティズンシップ教育の必要性を強調した」ほか、1998年には『21世紀に向けたシティズンシップ教育 (Citizenship Education for the twenty-first Century)』を提起し、経済や社会問題のグローバル化が進むなかで、シティズンシップはもはやナショナルな文脈のみでは考えることはできず、それゆえシティズンシップ教育に新しい意味を与える時期にきているとし、人権教育を基盤として「国際的、さらに世界規模でシティズンシップ教育を促進しなければならない」と指摘しています (嶺井、2010)[5]。

第1章 今、なぜシティズンシップ教育か

　このようにナショナルな文脈を超えてシティズンシップを考えていこうとする考え方は、欧州評議会にも見られます。欧州評議会は、1997年に「民主主義的シティズンシップ教育（Education for Democratic Citizenship：以下EDC）」を推進することを決議し、2002年には閣僚委員会が加盟国に対してEDCの勧告を出しています。欧州評議会によれば、「市民とは、『社会の中で共存（co-existing）する人』である。国家との関係における市民を否定するのではないが、国家は唯一の権力ではもはやなく、もっとホリスティックな概念が必要」であり、「このように大きくとらえると、『どのように共に生きるかを模索する新たなモデル』が提示される。これは『国民国家』の境界を越えて、個々人が住む、ローカル、ナショナル、リージョナル、インターナショナルな文脈におけるコミュニティへと広がっていく」と考えられています。ここにも、ナショナルを超えた広がりからシティズンシップをとらえ直そうとするユネスコと同様の見解が示されています[6]。

　ユネスコや欧州評議会が時を同じくして、ナショナルなレベルだけではなく、ローカルやリージョナル、インターナショナルなコミュニティに参加していく市民像を提唱している背景には、やはりグローバル化の進行が挙げられます。グローバル化は、経済面での各国の相互依存を強めるだけではなく、国境を越えた人の移動や、国境を超えた環境問題、社会問題を生み出しています。そうした新たな課題に対応できる市民が、21世紀には求められているのです。コーガンとデリコット（J. Cogan & R. Derricott）は、21世紀の市民に求められるものを以下のようにまとめています[7]。

- グローバル社会の一員として問題を見、アプローチする能力
- 他者と協力的に協同できる力や社会における役割や義務に対して責任を持つ能力
- 文化的差異に対して理解したり、受け入れたり、尊重したり、忍耐する能力
- 批判的に系統的に考える能力
- 非暴力的に紛争（摩擦）を進んで解決しようとする姿勢

・環境を守るために自分のライフスタイルや消費行動を進んで変える姿勢
・人権（女性やエスニックマイノリティなど）に対して意識的であり、擁護する能力
・ローカル、ナショナル、インターナショナルレベルで進んで政治に参加しようとし、参加できる能力

　ここにも、グローバル社会の一員として今日的な諸問題に対応し、他者と協同しながら社会やコミュニティに参加する市民の姿が見えてきます。

第3節　EUの試み ―― グローバル化に伴う「知識基盤型経済」社会への対応

（1）アクティブ・シティズンシップ

　ユネスコや欧州評議会の動きと呼応するように、EUにおいてもグローバル化に対応できる市民の育成が課題として取り上げられています。2000年の欧州理事会では、「EUはグローバリゼーションと新しい知識産業のもたらす変化に直面しており、それは人々の生活のあらゆる側面に影響を及ぼし、ヨーロッパ経済の根本的な変容を求めている」とし、「より多くの雇用と強い社会的結束を伴い、持続可能な経済成長を可能にし得る、世界でもっとも競争力のある、ダイナミックな知識基盤型経済」をめざすリスボン戦略を打ち出しています。そして「世界でもっとも競争力のある、ダイナミックな知識基盤型経済圏」になるために、教育・訓練が中心的な役割を果たすとし、10年先の現実的な目標を作成しました[8]。
　具体的には、2010年までに達成すべき13の教育目標を掲げていますが、そのなかで「アクティブ・シティズンシップ、平等な機会と社会的結束の支援」が目標のひとつとなっています（表1-1）。
　13の教育目標を見ると、グローバル社会のなかで、単純労働ではなくICTや外国語の能力を持ち、「知識基盤型経済」社会の雇用に適した人材

第1章 今、なぜシティズンシップ教育か

表1-1　リスボン戦略における3つの戦略目標と13の目標

1．EUにおける教育と訓練の質と効果を高める
  (1) 教員と指導者のための教育と訓練の促進
  (2) 知識社会のためのスキルの開発
  (3) すべての人にICTへのアクセスを保障する
  (4) 科学と技術研究分野における人財の強化
  (5) 資源の最適な消費
2．すべての教育と訓練の機会を容易にする
  (6) オープン・ラーニングの環境
  (7) 学習を魅力的にする
  (8) アクティブ・シティズンシップ（active citizenship）や平等な機会や社会的結束の支援
3．より広い世界へ教育と訓練システムを開放する
  (9) 労働と研究と社会のつながりをより強化する
  (10) 企業家精神を育てる
  (11) 外国語学習の促進
  (12) 人の移動交流の拡大
  (13) ヨーロッピアン・コーポレーションの強化

を育成しようとするねらいが読み取れます。そのなかで、アクティブ・シティズンシップは、「コミュニティにおいて個々人が声を聞かれ、所属意識を持ち、民主主義の価値や異なる文化や意見に対する理解を深められるように市民をエンパワーする」ものとしてとらえられ、さらに、コミュニティへの参加をとおして社会的結束をもたらすものとして考えられています[9]。

また、EUは目標を定めるだけではなく、リスボン戦略の到達度を測る指標であるインディケーターを開発し、加盟国の比較を行っています。アクティブ・シティズンシップについても、ホスキンス等によって以下のような指標がつくられました（図1-1）。

これらの指標は、投票などの「代表制民主主義」への参与、環境団体への参加などを表す「プロテストと社会変化」、コミュニティの団体への参与を表す「コミュニティの生活」の3領域の参加活動に分けられ、さらに民主主義や人権、異文化理解の意識を問う「民主的価値」を加えた4領域、61に及ぶインディケーターが開発され、成人を対象にしたヨーロッパ社会

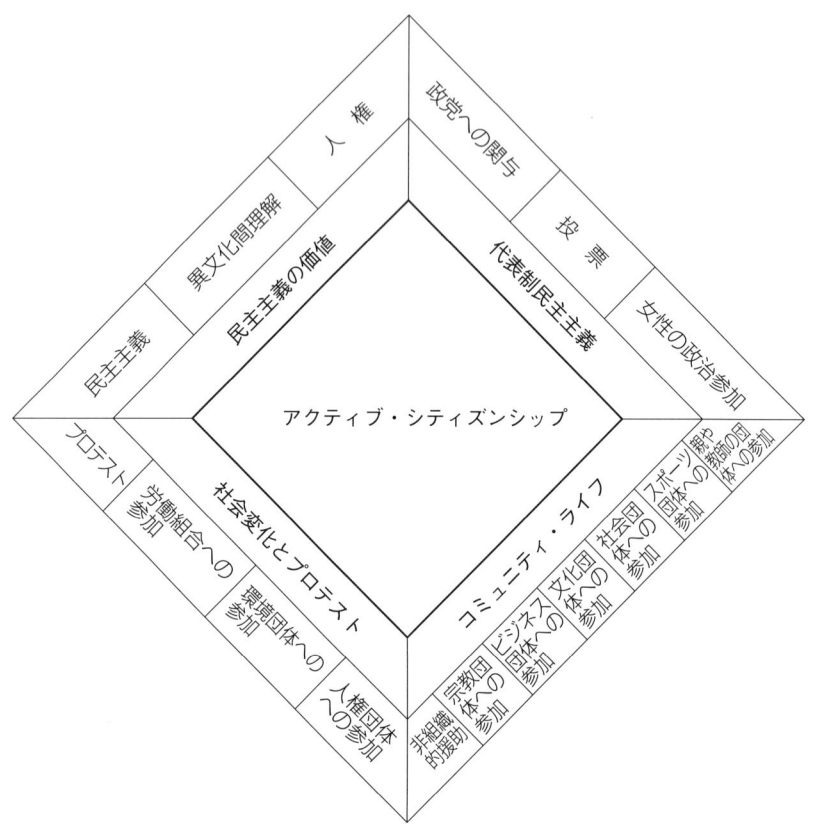

図1-1 アクティブ・シティズンシップの指標
(Hoskins et al. (2008a) *Measureing Active Citizenship through the Development of a Composite Indicator*, p.469)

調査（European Social Survey 2002）のデータをもとに、ヨーロッパの国々の比較が行われました。

たとえば、アクティブ・シティズンシップのインディケーターのなかの「プロテスタントと社会変化」という指標では、環境に良くない商品をボイコットするなど実生活における抗議活動のことをプロテストととらえています。ここからも積極的に参加する市民の姿が見えてきます。

このインディケーターをもとにヨーロッパの国々を比較した結果、北欧

第1章 今、なぜシティズンシップ教育か

表1-2 アクティブ・シティズンシップの各国比較

1. ノルウェー	11. フィンランド
2. スウェーデン	12. フランス
3. デンマーク	13. スロベニア
4. オーストリア	14. スペイン
5. アイルランド	15. ポルトガル
6. ベルギー	16. イタリア
7. オランダ	17. ポーランド
8. ルクセンブルク	18. ギリシャ
9. ドイツ	19. ハンガリー
10. イギリス	

(Hoskins et al.（2006）*Measuring Active Citizenship in Europe*, p.24 より筆者作成)

が上位にあり、西ヨーロッパとフィンランドが中間にあり、南欧や東欧は下位に位置づけられています（表1-2）。これはヨーロッパだけの比較ですが、ここに日本も含めると、何位ぐらいになるでしょうか。たとえば、女性の政治への参加や、人々の環境団体などへの参加、ある商品をボイコットするプロテスト行動など、日本はヨーロッパに比べて決して高いとはいえないのではないでしょうか。

それでは、このようにコミュニティや社会に積極的に参加する市民はどのように育成されると考えられているのでしょうか。

(2) 市民コンピテンシー

ホスキンス等によると、アクティブ・シティズンになるためには、個人が学校や社会で市民コンピテンシー（civic competences: 市民としての資質）を身につけていくことが必要です[10]。2006年の欧州議会と理事会の勧告においても「グローバル化はヨーロッパに新たな挑戦をもたらしており、各市民は急速に変化し、相互に関連しあった世界に対して柔軟に対応するためのキー・コンピテンシーが必要になる」とされ、「生涯学習のためのキー・コンピテンシー」が勧告されました。そのなかの獲得されるべき8つのコンピテンシーのなかに市民コンピテンシーが挙げられています（表

表 1-3　生涯学習における 8 つのキー・コンピテンシー

(1) 母語でのコミュニケーション能力
(2) 外国語でのコミュニケーション能力
(3) 数学の能力と科学とテクノロジーの基礎能力
(4) デジタル能力
(5) 学び方を学ぶ能力
(6) 人間間、異文化間、社会的コンピテンシー並びに市民コンピテンシー（civic competences）
(7) イニシャチブと企業家精神
(8) 文化的な認識（awareness）と表現

（COM（2005）*548 final, Proposal for a RECOMMENDATION OF THE EUROPEAN PARLIAMENT AND OF THE COUNCIL on key competences for lifelong learning*, p.13 より筆者作成）

表 1-4　市民コンピテンシー

知　識
政治と法制度の基礎的要素（人権、社会権、義務、議会、政府、投票など）、（地域、国、欧州レベル）メディアの役割、学校の中や国内のさまざまな文化、ボランティアグループの機能と仕事、現在の政治的イシュー等

スキル
意見と事実を区別する、平和的にコンフリクトを解決する、メディアのメッセージを解釈する、意見を表明する、政策や決定をモニターしたり影響を与える、協同したりインターアクションをする、多文化的環境で生活したり仕事ができる等

態　度
決断や行動に責任を感じること、自信を持って政治に関与すること、民主主義の方針や機関を信頼すること、差異や意見の変化や妥協に対してオープンであること等

価　値
法のルールを受け入れること、社会的正義や公正や市民の平等を信奉すること、ジェンダーや宗教等の差異を尊重すること、偏見や人種主義や差別に否定的になること、個人の尊厳や自由を尊重すること、民主主義への信奉、環境保護への信奉

行　動
政治的コミュニティ、コミュニティ、市民社会に積極的に参加すること

（SEC（2008）*Commission Staff Working Document. Progress toward the Lisbon Objectives in Education and Training. Indicators and benchmarks 2008* より筆者作成）

第1章　今、なぜシティズンシップ教育か

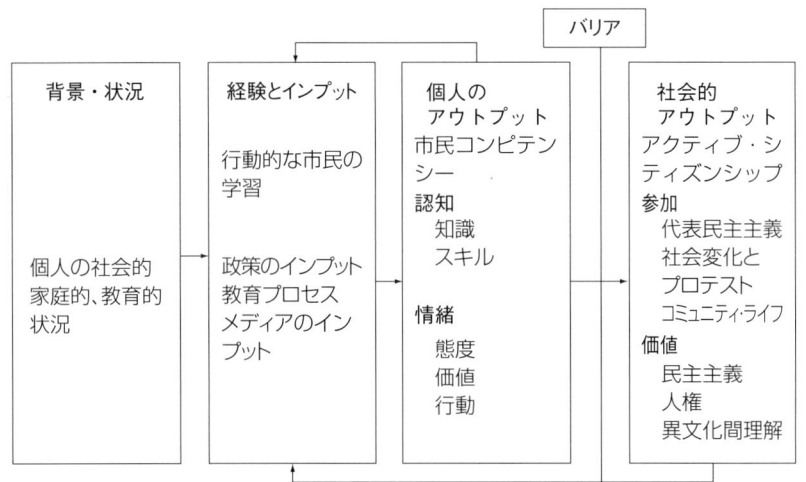

図1-2　アクティブ・シティズンシップのモデル
(Hoskins et al.（2008c）*Measuring Civic Competence in Europe*, p.14)

1-3）。

　ここでも、外国語能力やICT、異文化間のコンピテンシー等、グローバル化に対応した市民の育成が注目されています。

　それでは、EUのめざす市民コンピテンシー（civic competences）とはどのようなものでしょうか。EUは欧州評議会の考え方を受け継ぎ、市民コンピテンシーを、知識、スキル、態度、価値、行動の5つの側面から総合的にとらえています（表1-4）。

　知識においても、学校の中のさまざまな文化や現代の政治的イシューを取り上げるなど、単なる知識ではなく、生徒の生活と関係を持たせようとしている点が注目されます。また、差異を受け入れ、他者と協同し、コミュニティや社会に積極的に参加する力が求められていることがわかります。

　このような市民コンピテンシーは、どのように身につけくのでしょうか。ホスキンス等は、フォーマルな教育のほかにもインフォーマル教育や個人の社会的、家庭的状況が影響を及ぼすとしています（図1-2）。また、個人が市民コンピテンシーを持っても、社会的アウトプットにつながらない

— 21 —

場合もあり、その社会にアウトプットを阻む何らかのバリアが存在すると考えられています。このようなさまざまな要因があるなかで、ヨーロッパでは、アクティブ・シティズンシップを支援するために、意図的なインプットを行うことができる教育において、さまざまな取り組みを始めています。シティズンシップ教育は、ヨーロッパ各国でも活発に議論され、模索されていますが、ここでは超国家機関である欧州評議会の試みを見ていくことにします。

第4節 欧州評議会のシティズンシップ教育

　EU は教育目標を示して、到達度を図るインディケーターを開発しましたが、シティズンシップ教育に関しては、欧州評議会がイニシャチブを発揮しています。欧州評議会は、第二次世界大戦後のヨーロッパに最初に設立された国際機関であり (1949年)、人権や民主主義、法というヨーロッパの共通価値の実現をめざし、各国の外相からなる閣僚委員会が意思決定機関として機能しています。加盟国は現在 EU を超えて、47ヵ国に広がっています。

　欧州評議会が、1997年に「民主主義的シティズンシップ教育 (EDC)」を推進することを決議した背景には、(1)ベルリンの壁の崩壊や冷戦の終結によって、東欧諸国において民主主義の専門家や民主主義教育が必要だったこと、および、(2)若者層を中心とした民主主義 (政治) 離れへの深刻な懸念があったといいます[11]。東欧諸国にとって民主主義の進展は急務であったことは想像に難くありませんが、欧州評議会がシティズンシップ教育の推進に着手した大きな要因として、ヨーロッパの民主主義に対して、特に若年層に対する一種の危機意識があったということが注目されます。

　欧州評議会の呼びかけで EDC の専門家のネットワークがつくられ、EDC に関する定義や EDC を実践するために必要な技術や能力について話し合われるとともに、EDC を啓蒙する目的で、各国の政策担当者や教育関係者を対象に、EDC について解説した「EDC パック」が作成されました。

第1章　今、なぜシティズンシップ教育か

---【コラム】欧州評議会---

　この章で、2つの超国家機関である欧州評議会（Council of Europe）とEUのシティズンシップ教育について述べていますが、欧州評議会は設立年も加盟国数もEUとは異なります。欧州評議会は、第二次世界大戦後に人権と民主主義と法の支配という共通価値の実現をめざして、ドイツとの国境近くにあるフランスのストラスブールに、1949年に設立されました。意思決定機関は加盟国外相からなる閣僚委員会で、主に人権、民主主義等の分野での活動を行っています。加盟国はEU加盟国に加えロシア、トルコ、NIS諸国等47ヵ国に及んでいます。

欧州評議会（Council of Europe）	EU
・1949年設立 　人権と民主主義、法という共通価値の実現のために加盟国間の協調をめざす ・47加盟国 ・意思決定機関：閣僚委員会（加盟国外相） ・本部：ストラスブール	・1993年EU発足（1952年欧州石炭鉄鋼共同体） ・27加盟国 ・意思決定機関：欧州理事会（European Council）、欧州議会 ・本部：ブリュッセル

　また、2005年は「教育をとおしたシティズンシップ・ヨーロッパ年（European Year of Citizenship through Education）」と位置づけられ、ヨーロッパ各地でシティズンシップ教育に関するシンポジウムやプログラムが行われました。さらに、EDCの優秀なプロジェクトに賞を与えるなど、EDCの活性化が図られています。こうした欧州評議会の活動は、EUやユネスコなどの国際機関、NGO等のパートナーとの連携を深め、学際的、インターセクター的なアプローチがめざされているところに特徴があります。
　このように、欧州評議会は、加盟国に働きかけながらも、絶えず国家の枠を超えてさまざまな機関と提携しながらEDCの普及に取り組んでいますが、そこでめざされるシティズンシップとはどのようなものなのでしょうか。デュール（K. Dürr）等によると、EDCの主な目的は、以下のよう

にまとめられています[12]。

・民主的な市民社会に積極的に参加するために必要な情報、スキル、能力を育成する。
・対話とディスカッション、衝突の解決、合意形成、コミュニケーション、インターアクションのための機会をつくる。
・コミュニティにおける権利と責任、行動の規範と価値観、倫理的な事柄に対する気づき（awareness）を刺激する。

　これらの目的を果たすためのEDCは広範な活動を含み、1つの教科で行うものではなく、教科間の連携や課外活動、学校と地域の連携などのさまざまな形態で取り組まれるものとしてとらえられています。つまり、シティズンシップ教育はフォーマル教育においても、インフォーマル教育においても実践され得るのです。
　フォーマル教育においては、シティズンシップ教育をどのようにカリキュラムに位置づけるのか、というのも各国の課題になるでしょう。カリキュラムにおいては、イギリスなど教科としてのシティズンシップ教育がある場合もあれば、それに該当する科目がなく、すべての教科の基本方針という位置づけの場合もあり、多様です。
　また、インフォーマル教育においては、生徒会活動等の課外活動、また生徒の意見や声が聞かれる環境にあるか否かなど、隠れたカリキュラムにおいても実践されます。その際、どのような活動をとおしてシティズンシップ教育が行われるかという点が考慮されなければなりません。たとえば、意思決定への参加をとおして、あるいは生徒の自由な活動をとおして、代表になることをとおして、意見を聞かれる権利をとおして、市民コンピテンシーが育成されます。
　このように考えると、シティズンシップ教育は、各教科をとおして、さらには課外活動をとおして、そして生徒が自由に意見を言えるような学校の雰囲気や学校文化全体をとおして実践されるということになります。それには、学校全体の取り組みが必要になってくるでしょう。

第1章 今、なぜシティズンシップ教育か

表1-5 ユネスコと欧州評議会による、シティズンシップ教育を進めるためのチェック項目

領域		指標
(1)	カリキュラム教授と学習	1．学校の目標や政策やカリキュラムにおいて、EDC が適切に示されているか。
		2．生徒や教師が EDC を理解し、日々の実践や学級に適用しているか。
		3．学校内の評価デザインや実践は、つねに EDC と関わっているか
(2)	学校のエートスと風土	4．学校のエートスは、EDC の諸原則を適切に反映しているか
(3)	学校経営と開発	5．EDC 諸原則に基づいた効果的なリーダーシップがあるか
		6．EDC の諸原則を反映した開発プランはあるか。

　欧州評議会は、学校全体のシティズンシップ教育を推進するために、ユネスコと共同して、学校がシティズンシップ教育を自己評価して、シティズンシップ教育を進めていくためのガイドブックを作成しています。それによると、学校は、(1)カリキュラムの教授と学習、(2)学校のエートスと風土、(3)学校経営と開発、の3点から、シティズンシップ教育の実践が行われているのか、チェックする必要があります[13]。

　それぞれの指標は、さらに細かい質問に答えることによって、シティズンシップ教育が実践されているのか評価していきます。たとえば、「生徒や教師が EDC を理解し、日々の実践や学級に適用しているか」という指標に対しては、「生徒は自分の資質に対する自信をつけ、自分の体験を反映させ、セルフエスティームがあるか」、「他者との関係において寛容で忍耐強くなるような学習をしているか」、「仲間の間の相違を尊重しているか」、「意思決定や実践的な行動をサポートする有意味な経験をしているか」などの質問が挙げられています。

　これらの質問例は、学校が自らチェックし、シティズンシップ教育を推進するためにどこか足りないのか、どのように改善すればいいのか考えていくために有効です。このガイドブックは、もともと冷戦が終わり、民主

主義教育を必要としている東欧諸国の学校にシティズンシップ教育を推進するために作成されましたが、ガイドブックにも書いてあるように、あらゆる国で参考にすることができるでしょう。それでは、日本の学校の場合はどうでしょうか。

【コラム】欧州若者議会

　EUには欧州議会（European Parliament）があり、そこでヨーロッパのさまざまな問題が話し合われています。ヨーロッパの問題といっても、経済問題だけではなく、エネルギー問題、気候変動、世界におけるヨーロッパの役割、移民の受け入れなどいろいろありますが、ヨーロッパの将来を担う若者は、こうした問題について関心があるのでしょうか。若者が意見がある場合、どこで表明したらいいでしょうか。欧州評議会の考える「民主的シティズンシップ教育」の目的のひとつに、「対話とディスカッション、衝突の解決、合意形成、コミュニケーション、インターアクションのための機会を作る」とありましたが、ヨーロッパの若者がヨーロッパの現代的なイシューについて話し合う場として「欧州若者議会（European Youth Parliament）」が毎年開かれています。ここには、33ヵ国の若者のグループがやってきますが、彼らはそれぞれの国で選ばれてきます。自国での予選を含めると、毎年16～20歳の2万人の若者が、80のナショナル、リージョナル、インターナショナルレベルの若者議会の活動に参加しています。

　まず、若者はグループに分かれてヨーロッパの問題について話し合い、問題の解決策や提案を考えます。それからグループは自分たちの提案を議会形式にそれぞれ発表し、質疑応答をへたのち、その提案は

投票によって採決されるのです。この活動は、学校レベルでも、地域や国レベルでも行うことができます。そして予選に勝ち残った33ヵ国の代表の生徒270人が、10日間続く国際議会に参加するのです(年3回)。

　この活動には、(1)ヨーロッパのイシューへの気づきを高め、ヨーロッパのアクティブ・シティズンシップを鼓舞し、生徒がヨーロッパの政策や政治に関与するように動機づける、(2)国際理解、国を超えた対話、アイデアや実践の多様性を促進する、(3)ヨーロッパの若者の個人的なスキル、発達に寄与する、(4)若者が自分の意見を表現できる場を与える、などの目的があります。

　大規模なシミュレーションゲームのようでもありますが、欧州若者議会での若者の提案や問題解決方法はEUの欧州委員会や欧州議会のメンバーに送られ、政策決定者の耳に若者の声が届くようになっています。こうして、参加する若者たちは、意見を表明し、政策プロセスに参加することを学んでいきます。さらに、いろいろな国の若者と交流することで、多様な意見や文化があることも学んでいくのです。

第5節 日本でのシティズンシップ教育の動向

(1)「シティズンシップ教育宣言」

　今まで、欧州評議会のシティズンシップ教育についてみてきましたが、これを踏まえて日本のシティズンシップ教育についても考えてみましょう。冒頭でも触れましたが、経済産業省は「シティズンシップ教育宣言」というパンフレットをつくり、日本でのシティズンシップ教育を推奨しています[14]。それによると、シティズンシップとは「多様な価値観や文化で構成される社会において、個人が自己を守り、自己実現を図るとともに、よりよい社会の実現に寄与するという目的のために、社会の意思決定や運営

の過程において、個人としての権利と義務を行使し、多様な関係者と積極的に(アクティブに)関わろうとする資質」のことです。欧州評議会のシティズンシップ教育と同様に「社会の意思決定」に「積極的に関わること」が重視されています。その背景として、日本が経済的に豊かになり、自立・自律した個人が活躍する時代になった一方で、今後も厳しくなる財政状況に対応して「大きな政府による官僚主導型の福祉国家から小さな政府による市民参画型の福祉社会への転換」が起きているなかで「個人が自己を守り、自己実現を図る」ことが求められているというのです。ここから新自由主義思想に基づいた社会の変革と、それに対応した市民の育成への期待が読み取れます。しかし、このような資質や能力は個人が独力で身につけるのは難しいことです。

　そこで、経済産業省が指摘するように「学習機会の提供」と「参画の場の確保」が必要になってきます。それは、学校だけではなく、NGOなどの団体や、地域社会などさまざまな場面で必要になるでしょう。ここで、ひとつの学習機会の提供を行っている学校の事例として、お茶の水大学附属小学校の活動を見てみましょう。

(2) お茶の水女子大学附属小学校の活動

　お茶の水女子大学附属小学校では、平成21年度から「小学校における『公共性』を育む『シティズンシップ教育』」と題して研究開発を行っています[15]。ここでいう「公共性」とは「友だちと自分の違いを排除せずに理解し、考える力を発揮する」ことであり、将来的には「子ども達が、生涯にわたって、民主主義に基づく社会生活を創る人間として成長すること」をめざしています。具体的には授業をとおして、「他者は誰でも違う」ことを前提に、「違いがあることを尊重する学習」を行っています。

　そこで重視されているのが「公共性リテラシー」です。それは、「共感」「賞賛」「批判」「提案」の要素からなり、「討論や参加、せめぎ合いや折り合い、価値が複数であることをいかに乗り越えるか」ということが着目されています。そうした資質能力は1つの教科ではなく、あらゆる学習分野

をとおして学習されるものとして、独自の教育課程が開発されています。特に「市民」という学習分野では、従来の社会科の内容を膨らませ、子どもの実生活に関わりのある時事問題（ゴミの有料化、食料自給率など）を取り上げ、子どもたちが討論し、子どもたちなりの解決策を考えるなどの活動が行われています。このような活動をとおして「社会的価値判断力」「意思決定力」「社会を見る3つの目」を育むことがめざされています。「社会を見る3つの目」とは「社会には、一個人の工夫や努力で、できることと、できないことがあること」、「自分の利益と、他者やみんなの利益は、必ずしも一致しないこと」、「だから、世の中には、広い視野から社会を調整するしくみが必要であるとともに、それらのしくみに対して関心を持つことが必要であること」とされています。対立する意見や立場があるからこそ「調整するしくみが必要である」という、民主主義の根幹を子どもが理解し、そのしくみに関心を持つことがめざされているのです。

　お茶の水女子大学附属小学校の取り組みは、授業で現代的なイシューを取り上げている点、対話とディスカッション、衝突の解決、合意形成の場を授業に多く設けている点で、欧州評議会のシティズンシップ教育と重なりあいます。さらに、前述した欧州評議会のチェック項目の「カリキュラムの教授と学習」だけではなく、シティズンシップ教育を中心にして授業開発を行っている点で「学校経営と開発」においても成果が見られます。「学校のエートスと風土」に関しては授業以外の活動を観察する必要がありますが、子どもが授業以外でも違いを尊重し、排除しない風土があれば、学校全体がシティズンシップ教育の学習の場となっているといえるでしょう。

　お茶の水女子大学附属小学校は、フォーマル教育におけるシティズンシップ教育の一例として注目されますが、インフォーマル教育においても、さまざまな実践が日本で広がっていくことが期待されます。

第6節 おわりに

　この章では、シティズンシップやシティズンシップ教育について、ヨー

ロッパを中心に海外の動向をみてきました。シティズンシップには社会の構成員の権利と義務だけではなく、社会やコミュニティに所属し、参加し、行動することが含まれていることがわかりました。そうしたアクティブなシティズンシップを求める背景には、(1)若者の政治離れや、(2)価値が多様化するなかでのコミュニティや社会の結束の欠如に対する危機意識が見受けられます。そしてもうひとつ重要なことは、やはり、(3)グローバル化の進行への対応ということがありました。グローバル化が進む今日、国境を越えたさまざまな問題に対応し、ローカル、ナショナル、リージョナル、インターナショナルなレベルのコミュニティに参加し、行動する市民が求められているのです。グローバル化によってまた、人々の国境を越えた移動が増加し、異なる文化的背景を持つ人々が共に生きる社会が模索されるようになりましたが、そのなかで他者と協同し、社会的結束をもたらすものとしてのシティズンシップ教育が期待されています。さらに、グローバル化による社会構造の変化のなかで、「知識基盤型経済」社会で雇用の場を確保し、個々人が生きるために必要な資質がシティズンシップに求められているのです。EUや日本の経済産業省がシティズンシップ教育に着目しているのは、そのようなグローバル化に伴う経済的要因が背後にあることも理解しておく必要があるでしょう。

　このようにシティズンシップ教育に盛り込まれる目標や身につけるべき資質は幅広く、国によっても重点の置き方に違いがあります。たとえば、ドイツでは政治的判断力の育成を重視した「政治教育（politische Bildung）」という教科がありますが、それと課外活動におけるシティズンシップ教育との関連をめぐっては議論の余地があります。また、各教科によっても重点の置き方は異なってくるでしょうし、教科間のつながりや連携も考えていかなければならない課題です。次章以降では、さまざまな教科からどのようなシティズンシップ教育が見えてくるのか、具体的に考えてみることになるでしょう。

【さらに学びたい人のための読書案内】
デランティ、G.／佐藤康行（訳）（2004）『グローバル時代のシティズンシッ

プ —— 新しい社会理論の地平』日本経済評論社
ロラン-レヴィ、C.・ロス、A.／中里亜夫・竹島博之（訳）（2006）『欧州統合とシティズンシップ教育』明石書店
宮島喬（2004）『ヨーロッパ市民の誕生 —— 開かれたシティズンシップへ』岩波新書
嶺井明子（編著）（2008）『世界のシティズンシップ教育』東信堂

第2章　シティズンシップと環境教育

石川　聡子

　この章では、環境教育の世界から見えるシティズンシップについて考察します。現代にはさまざまな環境問題がありますが、環境問題は誰がどのように解決するのでしょう。科学者、エンジニア、政治家、弁護士、行政、企業などが各分野における役割や責任を果たすことで解決に貢献していますが、市民もその役割を担っています。しかし、多くの一般的な市民には特別な権力や資格といったものはありませんし、高度な知識やスキルを備えているとも限りません。市民にはどのようなことができるのでしょう。シティズンシップを身につけどのような力を発揮すれば、市民は環境保全活動に貢献できるのでしょうか。そして、そのために環境教育は、どのようなシティズンシップを育てることができるのでしょうか。

　まず環境の定義を確認し、環境教育の概要を見た後で、新しい環境教育として持続可能な開発のための教育について説明します。環境教育は何をめざしているのか、どのような資質を育てようとしているのかについて検討し、終わりに具体的な環境教育の事例とともに、環境教育によるシティズンシップの伸長の可能性を示します。

第1節 環境教育とは

(1) はじめに

　20世紀が終わりを告げようとしていた頃、「21世紀は環境の世紀」というフレーズがメディアをとおしてしばしば聞かれました。
　近年注目されている地球温暖化の問題は、今世紀人類が直面しているもっとも大きな環境問題のひとつです[1]。特に2008年から2012年の5年間は、京都議定書を根拠にして、先進国が温室効果ガスを削減せねばならない約束期間であり、日本も1990年を基準にして温室効果ガスの排出量を6％削減する義務を負っています。今、政治や行政はもちろん、エネルギー、製造、金融をはじめ産業界の各方面が、この数値目標の達成に向けて計画的な取り組みを進めています。第三セクターの市民分野も、各家庭での省エネ生活の呼びかけ、公共交通の利用の促進、エコロジカルなライフスタイルの紹介をはじめ、多様な取り組みを、場合によっては行政や企業と連携・協力しながらおこなっています。
　特に地球規模での環境問題は経済、科学技術、グローバリゼーション、開発や人口問題などと複雑に重層的に絡み合っていて解決が容易でないため、問題解決には専門性やリーダーの指導力が求められます。その意味で、政治家や官僚、科学者やエンジニアなどの活躍が期待されるところです。しかし、そのような専門家だけで問題解決を進めることには限りがあります。私たちの社会は民主主義を根幹に成り立っていて、諸構成員の意思の集まりを持って物事を決めるという意思決定の原則に従っています。ですから、仮にこれといった専門性やリーダーシップを備えていなくても、大多数の市民の意向は無視してはならないのです。私たち市民は、民主主義社会をつくる一員として、現代社会で生じている環境問題の現状をよく知り、問題解決に向けた展望を見すえ、的確に判断することが求められています。さらに市民のなかにもリーダーシップを発揮したり、専門家と深い

第2章 シティズンシップと環境教育

コミュニケーションができる資質などを持った人が必要です。そのために、環境に関する知識や態度、問題解決に向けた資質やスキルを学習をとおして伸ばすことが求められているのです。ここに環境教育の社会的な意義があります。

本章では、市民は環境問題の改善や解決に向けて何をどう学び、どのようなシティズンシップをつけて成長し、その結果どのような取り組みができるのか、また、環境教育はそのためにどうあるべきなのか、について考えます。

(2) 環境とは

当たり前のように思われるかもしれませんが、環境教育ということばは、環境と教育が合わさってできたことばです。英語でも environment と education をくっつけて environmental education と言います。環境教育の定義を考えるとき、環境とは何か、教育とは何か、これらのことばの基本に立ち返ることは大事です。

そこで、「環境」ということばについて考えてみます。あなたは、「環境とは何ですか」と尋ねられたら何と答えますか。筆者は、大学の環境教育の講義で受講生にこのことを質問することにしています。多くの学生から山、川、みどりなどの自然環境、あるいは身のまわりにある空気や水、などという答えがよく返ってきます。しかし、そのような回答は十分とはいえません。何が足りないのでしょうか。

鈴木 (1994) は、環境とはその人の周囲にあるだけではなく、「その人と相互の関わりを持っているもの」と述べています (図2-1)[2]。また、その人のことを環境主体と呼びます。すなわち環境とは、環境主体の周囲にあり、かつ環境主体と相互に作用しているものということになります。

この環境主体と環境との相互作用の質がよければ、環境主体にとってその環境は良好ですし、不具合があれば環境に何か問題があることになります。この段階での環境問題は環境主体の個人レベルの問題にすぎないのですが、この問題を複数の環境主体が共有したり、地域などの面的な広がり

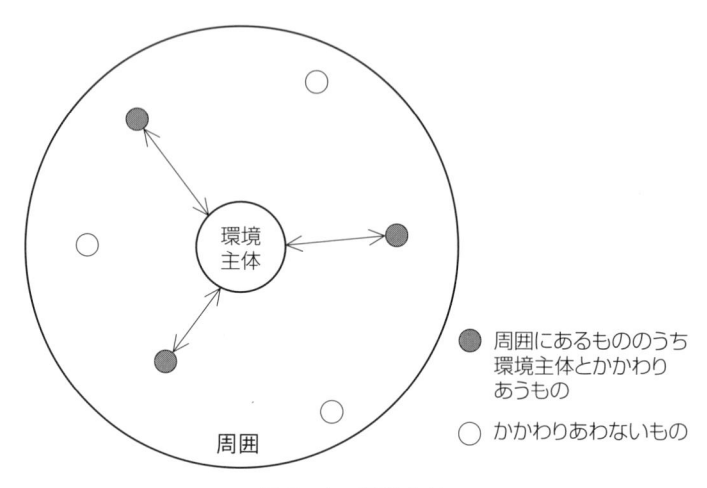

図2-1　環境とは
(鈴木善次 (1994)『人間環境教育論』創元社, p.11を改変)

や社会的なまとまりを持つ段階になると、いわゆる社会問題としての環境問題として世の中の表面に出る、すなわち顕現化することになります。

　環境教育が扱う環境とは自然環境に加えて、道路網やビル群といった都市に特有の環境、飲料水やごみなどといった日常生活の質に関わりを持つ生活環境なども含まれます。理科教育は自然の事物現象を学習対象とするものですが、それに対して環境教育は、自然と人との関わりを取り上げるものだといえるでしょう。

(3) 国連による環境教育

　環境教育はいつどこでどのように論じられ、実践されてきたのでしょうか。環境教育の理論構築は主にどこでなされてきたかといえば、それは国連においてです。

　1972年、スウェーデンの首都ストックホルムで行われた国連人間環境会議に端を発し、その3年後から20年間にわたり国連教育科学文化機関（ユネスコ：UNESCO）と国連環境計画（ユネップ：UNEP）が国際環境教育プログ

第2章 シティズンシップと環境教育

ラムを実施しました。そのなかで、環境教育の原理や目標などの理論、教材や方法などが整えられていきました。その流れのなかで特に、1977年に現在のグルジアの首都トビリシで開催された環境教育政府間会議で発表された「トビリシ勧告」[3]、その手前に準備会議として現在のセルビアの首都ベオグラードで開かれた1975年のベオグラード会議で公表された「ベオグラード憲章」[4]が、比較的よく知られています。ちなみに、環境教育について基礎から学ぶ方には、「国連人間環境宣言」、「トビリシ勧告」、そして後で紹介する「テサロニキ宣言」[5]の3つのドキュメントに目をとおすことをおすすめします。

「ベオグラード憲章」が明らかにした環境教育の目標は、1990年代に当時の文部省が発行した『環境教育指導資料』で取り上げられたため、環境教育に取り組んでいた学校教員らに読まれ、学校現場に一定浸透したものと考えられます。また、「ベオグラード憲章」がうたった環境教育の目標は、日本の学校教育における環境教育のスタンダードであると同資料において位置づけられたことから、日本の環境教育に関する論文あるいは学校における研究紀要や実践記録集などにおいて比較的多く引用されてきました。

国際環境教育プログラム終了後の1997年、国連とギリシャ政府はギリシャのテサロニキという都市でテサロニキ会議を開き、そこで環境教育に関する新たな概念を発表しました。すなわち「持続可能な開発のための教育（Education for Sustainable Development: ESD）」です。これについては後の節で詳しく述べます。また、これの動きに関連して日本では環境教育に関する法律が制定されました。いわゆる環境教育推進法、正式名称は「環境の保全のための意欲の増進及び環境教育の推進に関する法律」といいます。法律といっても罰則規定はありません。むしろ、国民は環境を保全する意欲を高め、環境学習に努めましょう、そして国はそれを推進しますという意思表明のようなものです。私たち国民はこのような法を定めるという方法で環境保全の意欲を高めることを国から求められねばならないのか、この法律の存在は本当に必要なものなのか、などの議論が環境教育関係者の間でなされたこともありましたが、議員立法によって成立し、2004年に施行されました。

(4) 公害教育と自然保護教育

　ところで、国連が上記のプログラムを開始する以前から、日本には環境教育の前史ともいえる公害教育と自然保護教育の実績があります。公害教育は、1960年代に三重県の四日市など公害の甚大な被害に苦しんでいた地域や静岡県の沼津、三島、清水など石油コンビナートの建設計画から公害の可能性が懸念されていた地域などにおいて、学校の教員が自主的に組合活動などを通じて展開した教育運動です。すなわちこれはノンフォーマル教育としての活動です。読者の皆さんは公害と聞くと、小学生の頃社会科の授業で習ったことを思い出すでしょう。今の学習指導要領においても、小学5年生は公害から国民の健康や生活環境を守ることの大切さを学習することになっています。

　公害は過去のできごとで、今の日本では解決済みだと思ってはいないでしょうか。そうではありません。水俣病の認定患者ではない被害者すなわち国の基準によって水俣病と認定されていない1万人以上の患者に対して、認定申請を取り下げる代わりに療養手当などを出して救済するという政治的な解決策が決まったのは、まさにこの原稿を書いている2010年5月のことです。日本ではこの50年にわたって水銀公害を経験してきたわけですが、実は世界規模で見るとまさに現在、水銀による公害が大変深刻になっています。石炭を燃やす火力発電所から出る排気ガスに水銀が含まれていて、そのガスが大気中に放出されているのです。その水銀は時間とともに水俣病の原因となったメチル水銀に変化し、食物連鎖によって私たちの体内に入ることが懸念されています。石炭は石油や天然ガスより比較的安価なために、日本でも石炭火力による発電電力量は増加しています。石炭の燃焼は地球温暖化の原因と言われている二酸化炭素の排出だけでなく、水銀公害の原因にもなるのです。

　また、都市・生活型公害と呼ばれるものもあります。たとえば、面積の狭い都市に人口が集中し、交通渋滞が発生したり、生活排水により河川の水質が悪化したり、家庭や工場などから排出される廃棄物の量が増えるな

ど、上述の公害問題とは異なり、ひとりの人間が都市・生活型公害の加害者でもありかつ被害者でもあるという環境問題の構造に類似しています。

　水俣のほかにも公害を経験してきた四日市、大阪の西淀川や尼崎などでは今もNPOなどが市民対象に公害学習会を開いたり、公害を子どもたちに語り継ぐ活動などをしています。日本で公害を解決したとしても、今後アジアなどの諸外国で類似の公害問題が発生することが強く懸念されていて、さきがけて公害を経験した者は後を歩く者に過去の経験を伝え、そこからの教訓に学ぶ重要さを伝える深い意義があるのです。

　もうひとつの環境教育前史である自然保護教育は、第二次世界大戦後の経済成長によって国内の豊かな自然環境が人の手によって開発され壊されることを強く危惧して、生態学者や学校の理科教員などが中心となって展開した教育運動です[6]。自然観察などの活動をとおして自然のしくみをよく知り、自然の大切さについて認識を深め、自然を保護する態度を育成することをめざすものです。学術団体である日本生物教育学会や日本で初めて設立された自然保護団体である日本自然保護協会は、当時の文部省に対して学校理科において生態系についての学習を充実させることを求める要望書を提出したり、自然保護教育に力を入れる陳情をするなどの活動を行いました。

　ところで、自然保護あるいは環境保全というように保護と保全という言い方がありますが、これらの考え方には違いがあります。保護とは、自然に人の手を加えずにそのままの状態にしておくことをいい、保全とは人が新たな自然環境を創ることも含め手を加えて管理することをいいます。人が自然環境を創ることができるのか、と思われるかもしれません。

　たとえば、大阪府堺市沖の大阪湾には1970年代から30年間にわたって大阪府内から出てきた産業廃棄物の埋め立て処分によってできた土地があります。今この土地に、メガソーラーといって国内最大の太陽光発電拠点が建設中ですが、そのとなりには森がつくられています。NPOや企業が中心となって人の手で定期的に地元種などの苗を植樹したり、また鳥が運んできた種が発芽するなどして、少しずつ木々が成長しつつあります。キジやサギ、チュウヒなどの鳥が観察されているということから、生態系があ

る程度成り立っていることがわかります。鳥類は、食う-食われるという食物連鎖のつりあいの関係を表す生態ピラミッドの上部にいますから、それを支えるピラミッドの下部の生物がいるということです。

　自然観察や植生調査、ネイチャーゲームなどの手法を活用し、市民の関心を高めるための環境学習も市民の手で行われています。50年後あるいは100年後には、どのような森になっていることでしょう。このように環境教育は、環境を守るだけでなく、環境を適正な方法で管理し、再生する一助を担うことも可能なのです。

(5) 学校における環境教育

　次に、フォーマルな教育としての環境教育の取り組みについて紹介します。日本の学校の時間割にはこれまでもそして現在も環境の時間はありませんが、2000年からスタートした総合的な学習の時間のなかで環境教育を行うことができます。総合的な学習の時間とは、国際理解や情報、福祉・健康など横断的かつ総合的な課題について、児童生徒の興味・関心に基づきながら体験型あるいは問題解決型の手法などで学習活動をする授業です。また、2010年4月から小中学校において先行実施され始めた新学習指導要領では、後述する持続可能な社会の構築を掲げ、これの実現のために各教科などにおいて環境教育をさらに推進することが重視されています。特に、理科や社会科、技術・家庭科、保健体育科などの教科の内容に環境保全に関連する部分があるので、その単元では各教科教育と環境教育を関連させて扱うことができます。たとえば、理科では、小学校第3学年の身近な自然の観察をとおして生物とその周囲の環境との関係についての学習、第6学年の生物間の捕食についての学習などで、生態系についての初歩的な学習を行います。また、第5学年の電気の利用の内容では、電気の性質や働きについて学び、LED電球の方が豆電球より長く点灯し効率がよいことを確かめる実験などを行います。

(6) 持続可能な開発のための教育

　近年、環境教育を持続可能な開発のための教育あるいは持続発展教育（ESD）と言うことがあります。前述したテサロニキ会議が公にした「テサロニキ宣言」のなかで、環境教育は「環境と持続可能性のための教育」と換言できるとうたわれたからです。持続可能な開発（Sustainable Development: SD）や持続可能性（Sustainability）という用語の持続可能に相当することばを、最近ではカタカナでサステナブルと表現したりもします。持続可能の概念が提唱されたのは1980年代のことです。

　持続可能な開発とは、環境容量を減らさない程度の開発を持続させることをいいます。たとえば牧場にヒツジを放牧するとき、持続して養えるヒツジの個体数には限りがあり、それを超えて増やし続けることはできません。一定の面積の牧場にはヒツジのえさも一定で、ヒツジが増えすぎるとえさ不足になりますし、他にも排泄物の増加、牧場内のヒツジの密度の増加によるストレスの高まりなどがあるからです。このように、生物にとっての環境には限界があり、それを超えた状態は持続しないという考えを人間社会にも当てはめて、開発と環境保全のバランスをとろうというものです。持続可能な開発の定義には、「将来の世代のニーズを満たしつつ、現在の世代のニーズも満足させるような開発」[7]がよく用いられます。平易にいうと、今の世代のニーズを満足させるために、将来世代の分まで使ってしまってはいけないということです。さらに、「テサロニキ宣言」では、「環境の問題にとどまらず、貧困・人口・健康・食料安全保障・民主主義・人権・平和といった問題も、そのなかに含む」と述べて、自然利用だけでなく、社会における人と人の関わりのあり方についても言及しています。

　この持続可能性の概念が教育の世界にも受容され、ESDが提唱されました。特に現在を含む2005年から2014年までの10年間を「国連持続可能な開発のための教育の10年」（DESD）と国連が定めて、日本の国では文部科学省、環境省、外務省、農林水産省など、関係省庁が連絡会議を通じて連携をとりながら、ESDの実施計画に基づいて施策を展開しています[8]。

ESDが取り組むべき課題は、もはや国内の環境保全にとどまらず上述の個別テーマで表される世界規模の持続可能な開発です。そのために、図2－2に挙げられている従来からある平和教育、人権教育、環境教育、開発教育やその他国際理解教育、消費者教育、食育、キャリア教育、そしてシティズンシップ教育などに携わる教育関係者が結集、協力することが求められています[9]。また、身近な地域で幅広い年齢層や外国人、あるいは福祉や人権、子育て支援などのボランティアグループやNPOなどと連携したり、グループワークやフィールドワークあるいはワークショップ[10]などの参加型の学習手法を取り入れる工夫も大切です。

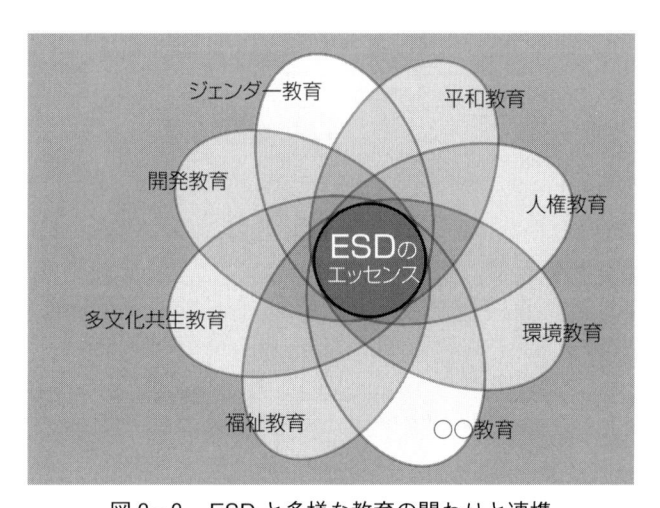

図2-2　ESDと多様な教育の関わりと連携
(NPO法人「持続可能な開発のための教育の10年」推進会議（ESD-J）のパンフレットより)

　また、環境教育とESDとの関係を次のようにとらえることができます。環境教育を自然環境の保全についての教育と狭くとらえると、ESDは相対的に環境教育を飲み込むとても広範な概念で、逆に環境教育はESDの一部にすぎません。しかし、本章のはじめで述べたように、環境を人と人、人と自然の関わり方と定義し、環境教育はこれらの関わり方を問い直す教育だと見れば、環境教育とESDはかなりの部分で共通します。人権、民

－42－

主主義、平和なども環境教育が扱うテーマと考えることができます。戦争は最大の環境問題だといわれます[11]。戦争によって自然環境だけでなく生活環境や暮らし、生命や人権、文化が傷つき損なわれるからです。

第2節 環境教育がめざすもの

(1) 環境教育の3つの原理

　環境教育は、環境のあり方に関する教育のことをいいます。環境主体にとって環境との良好な関わりとはどのようなものか、そのことがわかるためにどのようなスキルや知識などを身につけるべきか、人と環境の関わり方にある問題を改善するためにはどのような学びの手法やしくみが必要かなど、教育のしくみをデザインし、整えることです。つまり、明確な意図の上にその具体を描き、その方法や成果を評価や改善するしくみも含めて計画的に教育実践をおこなっていくものです。

　さて、環境教育には明確な意図があると述べましたが、それはどのようなものでしょうか。このことについて井上（2009）は、環境教育の3つの原理を述べています[12]。3つの原理とは、(1) 環境持続性、(2) 社会的公正、(3) 存在の豊かさ、をいいます。環境教育は、この3つの原理に基づいて営まれるべきだということです。この節では、この3つの原理に沿って、環境教育が何をめざしているのかについて説明します。

　まず、環境持続性とは、前述した持続可能性のことで、人と自然の共生、自然環境の保全や再生、エネルギーや資源の省力や節約などです。人間活動には自然環境から食料や化石燃料といった資源を得ることが欠かせませんが、その資源の消費量を評価する手法のひとつに、エコロジカル・フットプリントがあります[13]。人一人が生活を維持するのに自然環境にどの程度依存しているかをわかりやすく伝える道具として、人間が自然環境を踏みつけている足跡（フットプリント）の大きさとして土地面積（単位はヘクタール）で表します。日本人1人のエコロジカル・フットプリントは4.3ha、

図2-3 エコロジカル・フットプリント
(世界自然保護基金(WWF)のHPより)

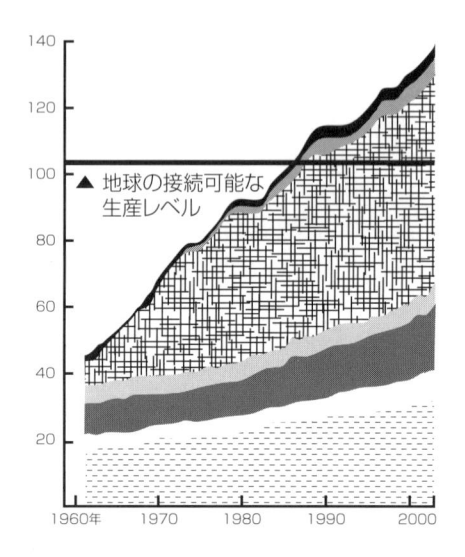

凡例: ■インフラ整備　■原子力　囲二酸化炭素　海(魚場)　■森林　□牧草地　□農耕地

アメリカ人1人は9.5ha、世界中の平均は1人1.8haと計算されています。世界中の人が今の日本人と同じ暮らしをすると地球が2個では足りず、ましてやアメリカ人なみの暮らしをすると5個以上必要となります。世界自然保護基金(WWF)は、世界のエコロジカル・フットプリントは1980年代半ばに地球1個分を超え(図2-3)、2005年で約1.3個であると示しています。つまり、日本やアメリカなどの局所の問題ではなく、世界全体が適正な範囲を超えて地球から資源を奪い消費を拡大し続けています。余計に消費している地球0.3個分は、本来手をつけずに残しておかねばならないものにまで手をつけていたり、先に使う分を先取りして使っていることになります。前述の持続可能の定義からすると、地球1個分を超えた消費は将来世代のニーズを損なっており、いわば持続不可能な状態といえます。

このように、私たち人間は地球上の自然環境から過ぎたる生産量を収奪し、人と自然環境の関係は不適切な状態になっています。この関係を適正

― 44 ―

第2章　シティズンシップと環境教育

で良好な状態へと作り直し、将来にわたって環境を持続させることが求められています。そのために、私たちは現在の暮らし方や社会のあり方を見直したり、よりよい状態をイメージしてそれを目標にしたり、その目標に近づくために現状を改めることが必要です。そのために、環境教育は、多くの人が環境持続性について知り、知恵を共有して深め、体験を積み重ねることをとおして市民として成長し、持続可能な社会の構築に関与する役目を担うべきと考えられます。

　2つめの社会的公正は、大きく世代間の公正と世代内の公正に分けて考えることができます。平易にいうと前者は、私たち現代世代はエネルギー資源を十分すぎるほど消費し、そして環境を悪化させている結果、そのつけを将来世代に残すことになるということです。地球温暖化の国際レベルでの対策がここ数十年のうちにうまく進まなければ、今世紀末には地球全体の平均気温が数℃上昇し、特に2℃以上上昇してしまうと自然界もそこに暮らす人間が営む社会も相当なダメージを受けるといわれています。

　2010年夏の記録的な暑さの背景には、地球温暖化の影響が現れているとみられると、気象庁が発表しました。また、リンゴの生産者からリンゴ栽培に地球温暖化の影響が出始めているという声があがっています[14]。果実の着色がよくなく、糖分不足で貯蔵しにくく、商品としての質が落ちるなどの問題に対応するために、気温上昇に適応可能な品種の育成に期待が寄せられています。私たちの日常生活において地球温暖化に由来すると断言できる環境や健康への影響は、まだ出ていないようです。けれども将来、そうした重篤な状況になるやもしれないのです。読者の皆さんの子や孫の世代は「21世紀前半に生きていた親や祖父母たちの世代は、私たちのためにどうしてもっと賢明な決断と果敢な挑戦をしてくれなかったのだろう、私たちにこんな重いつけを残すなんて。」と思うかもしれません。

　さて、後者の世代内の公正とは、今を生きる私たちの世代のなかで見た場合に社会的な公正が保たれているかどうか、ということです。たとえば、日本フランチャイズチェーン協会によると、日本にはコンビニエンスストアは4万店舗以上あり、現在1年間におよそ8兆円を売り上げています[15]。私たちの多くは1本150円程度のペットボトル入りの飲料を気軽にそして

頻繁に購入します。その一方で、世界銀行が定めている貧困ラインである１人１日当たりの生活費1.25米ドル（１米ドル100円として125円）以下で生活する貧困人口は2005年に世界中に14億人で４人に１人の割合、特にサハラ以南アフリカの人々は、２人に１人といわれています[16]。このように貧困の格差があるのです。

　ところで、貧困には物のアンバランスな分配のために起きている相対的な貧しさと、物不足のために起きている絶対的な貧しさがあります。貧困ラインは後者を測る水準で、飢餓と栄養失調者の数は前者を表す水準です。現在、世界で８億人以上の人が飢餓状態にあるのですが、世界の穀物生産高で世界人口の２倍を養うことができるのです。つまり、食料が不足しているのではなく、不公平な分配の結果飢餓が起きているのです。

　また、環境人種差別といって、劣悪な環境や環境悪化の懸念が社会的弱者に対して人種差別のようにしてかたよって分配されている現状がアメリカやアジア、アフリカをはじめ、世界中のあちこちにあることが指摘されています。ある特定の人種や民族などが劣悪な環境を強いられている状況はたまたまなのではなく、社会的弱者であることが本質的な要因として作用していると考えられます。アメリカでは1980年代に、人種や民族などにかかわらずすべての人が公平に環境や健康被害から守られるべきだという主張が環境正義運動で展開され、1990年代半ばには環境正義に関する大統領令が出されました。これには法的拘束力はありませんが、アフリカ系アメリカ人のコミュニティに建設予定だったウラン濃縮工場の建設が撤回されたという成果があります。

　このように、自然と人との関わりという点だけでなく、時間と空間、また正義という倫理に注目して人と人の関わりという点からも、環境のあり方を深く見抜く力を育てることも環境教育は意図しているのです。

　そして、最後の存在の豊かさについてです。私たちの誰もが、自分の存在や生き方を充実した豊かなものにしたいと願っているでしょう。ここでいう豊かさとは多くのモノを所有することによる物質的な豊かさではなく、精神的な豊かさを指しています。雄大で神秘的な自然の事物や現象に触れたり、豊かな自然環境の中に身を置くとき、その一部である自己の存在を

改めていとおしく感じ、生きていることを尊ぶでしょう。また、自分の周囲にいる多くの人々と人間関係を築きながら、互いに信頼、共感し、尊敬しあうなかで、社会のなかでの自分の存在をより確かなものにしていくでしょう。あなたにも、仲間と共に目標を立てて、それを達成することをめざして活動し、それをやり遂げたとき、感動を分かち合った経験があるでしょう。このように、自然環境と関わるなかで、また社会のなかで人とつながることで自分の存在をより豊かにすることができるのです。社会に散見される環境問題に取り組み、持続可能な社会に作りかえることには、他者との協力関係や共同作業が伴います。自分のライフスタイルを見直す程度なら自分ひとりでできる部分もありますが、社会的不公正をはじめ多くの社会の問題は自分ひとりでは解決できないのです。社会のなかで自分と問題意識を共有する仲間と出会い、また異なる価値観を持つ人を排除することなく対話や交流を重ね、持続可能で社会的に公正な環境との関わりを築くことのできる存在へと成長していくことが環境教育では求められているのです。

(2) 環境教育の3つの志向性

　オーストラリアの環境教育研究者に、ジョン・フィエン (John Fien) という人がいます。彼は1990年代に環境教育の理論の体系化に取り組み、その後大学で教鞭をとりながらユネスコなどで環境教育の研究に取り組んでいます。筆者は以前仲間と一緒に、彼が執筆したオーストラリアの大学の環境教育の講義のテキストを翻訳したことがあります[17]。そのなかで、環境教育の基本的な考え方は大きく分けて3つに類型できること、またそれぞれのベクトルの違いについて論じています。この環境教育の3つのベクトルには、環境教育においてどのようなシティズンシップを育てるかという視点があります。本節ではフィエンの記述をもとにしながら、よりわかりやすく概要をまとめて説明します。表2-1は、環境教育の3つのベクトルの土台となる教育観を典型的に示しています。

　1つめのベクトルは、環境のプロ育成志向、すなわちプロフェッショナ

表2-1　環境教育の土台となる3つの教育観

視点	職業／新古典主義的志向	自由／進歩主義的志向	社会批判的志向
学校の社会的役割	学校は、社会参加のために生徒を準備・選抜する。生徒が就労機会を勝ち得るよう準備させることによって、社会・経済・政治的構造と分配を維持・再生産・正当化する役割を担っている。	学校は、社会改革への参加に能力レベルに応じて生徒を準備する。学校は万人を教化し、社会的責任の下での才能や到達度の利用に、生徒を最大限に準備させる役割を果たす。	学校と社会は相互に影響しあう。社会的不公平を克服し、社会・道徳・政治的に正当な対立解決に力点を置いた、社会・政治・経済・環境的活動への参加に生徒を準備する。
望まれる生徒像	社会における自分の立場がわかり、仕事の役割を果たすための技能を身につける。	「教育された人間」は、いかに学び、いかに「真と善」の理想を追求するかを学んだ人として、自己実現し、反省する力を備え持った人間。	社会的文脈で自己実現し、単に個人主義的ではなく、社会を変え社会に変えられつつ「真と善」を追求する、批判的で構成的な社会への共同参加者。
広範なカリキュラム編成	柔軟性のない教科枠と時間割。能力評価に基づく生徒のふるい分け。	弱い教科枠と時間割。関心とレディネスに基づく生徒のふるい分け。	共同体・教員・生徒間の交渉に基づく、「教科」区分と時間の利用。
教室編成	均質なグループ分け・能力別・ふるい分け・講義と口頭質問、操作技能の習得に適した「形式的」な教室の配置。	学校組織を通した個性尊重の基本的ねらい。小グループでの討論や個人の自主研究に適した「形式ばらない」教室内の配置。共同体の探究と援助の中心。	異質な能力混成の配置。グループ作業向けの「形式ばらない」教室内配置。教室・学校・共同体間の弱い境界。
教員の役割	権威・知識の伝達・生徒が習得すべき知識の構造化と順序化。	生徒の自律達成と学習の好機を組織立てる「指導者」またはファシリテータ。	生徒と共同体の交渉において批判的協同的計画を組織する、計画の組織者あるいは援助者。
生徒の学習の役割	教授内容の枠内での達成を準備され動機づけられる、伝達知識の受容者。	発見や探究の経験と機会を通した知識の主体的構成者。準備の成果や過去の経験の好機をある程度利用できる。	協同的な社会行為や批判という意義深い社会的課題において、他者との相互作用を通じて有用な知識を利用する共同学習者。
教員と生徒の関係	教員の権威性。指導的教育の利用と発達の管理。学習の賦課におけるヒエラルキーな関係。生徒多数対教員一人の基本的関係。	生徒の成長に知識と関心を持つ指導者。生徒の自己管理の可能性に応じた管理の緩和。教員と生徒の一対一の関係が理想。	教員は解放をめざすコーディネータ。共通の課題や計画についての交渉に生徒を巻き込む。社会的公正や生態学的持続可能性に関する利害対立を通して関心と活動の共有を強調。

(フィエン, J.／石川聡子ほか訳（2001）『環境のための教育』東信堂, p.42-43.)

第2章　シティズンシップと環境教育

視点	職業／新古典主義的志向	自由／進歩主義的志向	社会批判的志向
管理	生徒同様教員に対する強力で可視的なヒエラルキー。地位イコール権力。	生徒と教員に対するヒエラルキーは可視的だが脆弱。地位と権力は真価に基づく。	共有化された責任。参加型で議会制民主主義的な管理構造。地位は理論的に無意味。権力の共有と参加の管理の計画的意図。
知識	客観的。公的事柄。書物上の存在。職業または学問の文脈で意味と重要性を持つ技能と情報（事実・概念）としてほとんどが表現される。特に技術的／合理的／科学的／管理上の認識関心（管理のための知識）。知識の心的側面と操作面（技能）間の深い分離。	主観的。「私的」または個人的事柄。個人の技量や「頭脳」のなかの存在。個人の生活の文脈や文化のなかで意味と重要性を持った学習・態度・生活技能としてほとんどが表現される。特にコミュニケーション・熟慮・理論精緻化のための実践的／表現的／文化的認識関心。個人の作業での心的側面と操作面の統合。	弁証法的。主観的世界観とそれが位置づく歴史的文化的枠組みとの相互作用。社会的構成としての知識であるため、容易に明示されない。特定の文脈での重要な行為や計画において有意味。社会行為における知識の役割に中心的価値を置く。解放的認識関心。グループワークにおいて知識の心的側面と操作面が統合的理解される。
学習理論	行動主義。学習者モデルの欠陥。「伝達」の学習理論。	構成主義―相互作用。相互作用を通して認知構造を構築する学習者。	社会的構成主義―相互作用。社会的に構成され、歴史・政治過程を通して再構築にさらされる社会的現実を再構築する学習者。
教育空間と資源	「閉鎖的」・「形式的」。教科の専門家による差異化（空間・教科・教員・生徒の地位の広く知られたヒエラルキーを伴う）。教科の資源の、学校と学校外の間の大きな差異化。	「開放的」・「非形式的」。教科での作業空間と資源要求の相違。個人の学習課題をめぐる空間と資源の統合。資源に関する学校内外間の弱い差異化。	資源の入手可能の程度に左右される利用空間と進行中の課題との間にある弱い境界。学校内外の資源のあやふやな境界。グループ活動や学習課題をめぐる空間と資源の統合。
評価	既知の内容を獲得しているかどうかの試験。技能と命題知の習得。	記述的な評価・課題作業・非形式的な評価手段。教員は社会的文化的枠組みで個人の成長の証を求める。	作業達成のために、協議された必要条件の枠内での、協議や仲間同士による、成果の評価。教員と共同学習者は、学校・共同体・環境の社会政治的文脈への批判的反応や行為への貢献の証を得ようとする。

リズムです。プロの職業人として社会で活躍することに価値をおく立場です。環境教育をとおして環境の専門家を育成することに目を向けているのです。環境に関する専門性は環境科学をはじめエネルギー・資源工学、生態学、環境社会学などの環境関連の大学の学部や大学院で身につけることができます。その後は、大学や研究所または行政機関で専門的な研究を行う研究者やエンジニアになったり、たとえば廃棄物処理施設技術管理者や公害防止管理者などの国家資格、あるいは環境マネジメントシステム審査員や樹木医などの民間資格を取得して、自分の専門性が高いことを裏付けて専門的な仕事をするのです。

このようなプロの育成に主眼をおく場合、その準備段階としての学校教育では大勢の生徒のなかから環境に強い興味・関心を持ち、知識を習得する生徒を育てることをねらいにします。その生徒たちが職業高校あるいは高等教育へ進み専門分野を深く学び、晴れて環境の専門家となって就労機会を得て、職業人として社会に貢献してくれることを願います。そうすることが環境問題の解決に結びつくと考えるのです。ですから、もちろんより多くの児童や生徒が環境に興味・関心を持ってくれる方がよいのですが、そのなかでも優秀な子どもに価値をおくわけです。ここでいう優秀とは、専門的な学問体系に通じる学校教育のカリキュラムにおける伝統的な知識が十分に習得できていることを意味します。この場合の教師の主な役割は生徒にいわゆる正しい知識を伝達することであり、生徒に正しい知識がどの程度定着しているかはテストによって確認できます。正しい知識を持ちそれを生徒に与える教師と与えられる生徒との間には一定の上下関係があります。つまり、教師には権威があるのです。

このベクトルはエリート志向と言い換えてもよいでしょう。環境の専門家でなくても、官僚や政治家、弁護士などの専門職に就いて環境を得意分野にするということもあり得ます。いずれにしても高い専門性を持った有能な人の活躍によって環境問題の解決を期待するという考えが基本になっています。

環境教育の2つめのベクトルは、環境に関心を持つ教養人育成志向です。言い換えればこのベクトルは、リベラリズムすなわち自由主義志向です。

第2章　シティズンシップと環境教育

いわゆる小さな政府によって経済への介入を控え、規制緩和して従来の政府の機能を市場に任せるという近年の政治思想の中軸である新自由主義というよりは、古典的な自由主義を指します。この立場では自律した自由を尊ぶ市民の育成をめざします。教師が生徒に対して環境への興味・関心を持つことを期待するのはもちろんですが、生徒が何に関心を持ち、どのような信条のもとに行動するかは個人の自由によりますから、基本的に何をどう学ぶのかも学習者本人が自己決定することが前提となります。

　前述のプロフェッショナリズムにおける自己実現は環境の専門職として就労し社会に貢献することですが、この自由主義志向での自己実現は、個人の自由意思で環境に配慮する市民に成長することです。人類が追求してきた真理の探究に価値をおき、生涯にわたり自然のすばらしさや豊かさを感じ、自然の摂理や自然との関わり方の知恵を学び自己の暮らしに活かし、学ぶ楽しさをとおして心豊かな人生をめざします。伝統的な学問知識を体系立てて学ぶというよりも、自分の興味・関心を大切にしそれに応じて自分の意思で学びたいことを自分が決めて学ぶことが尊重されるので、教師は生徒の学習を支援することがその役割として求められます。学ぶべきことを導くというより、その生徒が何を学びたいかを尊重した上で的確な助言をするということになりますから、教師と生徒の間のヒエラルキーはゆるやかです。また、生徒の関心や能力ができるだけ開花するのが望ましいのはもちろんですが、生徒の関心あるいは能力の質やレベルは多様なので、個に応じたかたちで社会に貢献できることをめざします。学ぶことや学んだことの成果は学習者個人にとって意味を持ちます。したがって、プロフェッショナリズムにおいて知識の定着を学習者の成長として確認するための客観的テストは、自由主義の考え方においてはその人の成長を評価できる方法として必ずしも適切とは見なせません。

　環境教育の3つめのベクトルは、社会を批判的に見抜く市民の育成志向、すなわち社会批判主義です。環境問題に見られる社会の矛盾や改善点を批判的に見抜くことができることが市民の力と考える立場です。1つめのプロフェッショナリズムでは伝統的な学問体系をきちんと身につけた高い職能を持つ一部の人に環境問題の解決を託し、2つめの自由主義では関心や

能力が高い人がその人の自由意思で社会に貢献することが評価されるのに対し、この社会批判的な立場では、社会の構成員である市民ができるだけ多く協力して民主的な方法で社会の不公正や矛盾を解決していけるように、学習によって成長することをめざします。環境問題やエネルギー資源の不公平な分配など、社会や将来世代に関わる重大な問題の前では、教師も生徒も社会に生きるメンバーのひとりとして対等な人間関係です。

　そして、社会の現実をよく観察し、自分たちにできることは何かを知り、その手順や方法を計画立て遂行していくために必要な資質やスキルを身につけて活用することが社会における市民として成長した証で、これもテストで測定できるものではありません。身につけた伝統的な学問体系は、現実の社会における問題解決に活かせてはじめて社会的な価値を持つのです。

　この立場は突き詰めて考えれば厳しいものです。エネルギー資源や食料などの南北格差や世代間格差といった大きな課題を抱える今の社会に生きている私たちは、だれ一人として、これらの問題と無関係ではありません。完全な自給自足で暮らしている人、太陽光や水力など再生可能なエネルギーだけを消費して暮らしている人は、今の社会ではきわめて少数です。おおかたの人が、社会と何らかつながり、社会資本からの享受を受け、また人としての基本的な権利を周囲から尊ばれて生活を営んでいるでしょう。このことは、直接的あるいは間接的に、そして国内だけでなく広く海外にわたって、自分以外の社会の諸構成員と何らかつながり、意識しているにせよしていないにせよ影響を及ぼしあっているということです。つまり、現代社会にある矛盾や問題点についても無関係で中立的な存在たり得る人はまずいないのです。ですから、この社会批判的立場から自由主義的な立場を見ると、その人に関係あることなのにもかかわらず、関わる関わらないは個人の自由意思によるというスタンスは、社会と関わる態度が消極的に見えます。

　また、専門家の活躍に期待するプロフェッショナリズムの考え方についても、これが強固なものになると、相対的に専門性のない一般市民の力を軽んじることにつながります。専門的なことがよくわからない市民は口をはさまず正しいことを知っている専門家の言うことを聞いておけばよい、

ということになってしまいます。自由主義的な立場からプロフェッショナリズムの立場を見ると、環境関連の専門性が高いということは環境問題に高い関心を持っているということなので、関心のない人は専門家に任せるのがよいと考えても、両者の考えは必ずしも相対するものとはならないと考えられます。

以上、環境教育の3つのベクトルの特徴をあえて際立たせて典型的に示しましたが、考え方としてはどれも成り立ち得るもので、どれが正解でどれがまちがっているということではありません。環境教育の考え方の傾向としてこのように類型できるということが言いたいのです。環境教育に関心を持つすべての人が、これらの3つのうちのどれか1つの志向だけに立脚しているということではありませんし、ひとりの人間の考えにこれらのベクトルそれぞれが部分的に入り込んでいることもあります。

(3) 強いシティズンシップと弱いシティズンシップ

前節で環境教育の3つのベクトルを紹介したのは、環境改善に取り組む市民に求められる役割とシティズンシップについて検討するのに参考になるからです。環境教育は市民にどのようなシティズンシップを育成すればよいのでしょうか。そのために環境教育は、どのような機能を発揮すればよいのでしょうか。

このことを考えるポイントのひとつは、すでに述べたように環境問題に取り組む市民の役割をどの程度に見積もり、環境教育を制度設計するかです。言い換えると、環境教育のあり方をデザインする場合に、環境教育によって育てる市民はどのような役割をどのくらい果たせるともくろむのかということです。これには、現状において市民がどのような役割が担えているかという事実関係だけでなく、どのような役割をどの程度「果たすべきか」、「果たすようになるべきか」という、べき論すなわち当為も含まれます。

市民が環境問題への取り組みとしてできることにどのようなことがあるでしょう。また、どのようなことができるべきでしょうか。自分のライフ

スタイルを見直し、不要な電気を消すなど省エネ省資源型のエコな暮らしをすることが必要だ、そして一般市民にはそれができれば十分だという考えがあります。そうなると、環境教育の役割とは、風呂の残り水で洗濯をする、リサイクル商品を購入する、夏の冷房は28度にする、などの技術や方法を市民に身につけさせることになります[18]。

　また、道路の渋滞や二酸化炭素の排出を減らすことに配慮して、マイカーに乗るのを控えて公共交通を利用している市民がいるとします。このような公共性の高い問題は、関心の高い少数の市民が個別に熱心に取り組んでも問題の解決は困難で、無力感を感じてしまいます。市域あるいはもっと広域の交通システムを変えるのは行政や政治家の仕事であって、一市民である自分にできることはないと考えてしまうかもしれません。

　しかし、同じような問題意識を持つ仲間を見つけて、課題を共有化できたらどうでしょう。自分たちにどのようなことができるかを話し合い、どのような活動をするのか目標や計画を立てて具体的な動きに着手することができます。行政は道路事情をどのように把握しているのか、鉄道やバス会社は公共交通の意義や役割、乗客数の減少とそれへの対策として何をおこなっているのか、よその地域に類似の取り組みの先行事例としてどのようなことがあるか、などについて情報収集することができます。実際に、NPOと行政、企業が協力して、パークアンドライドを取り入れている例、マイカー通勤から自転車通勤へシフトする運動を展開している例、バスの利用を進めるために電車の定期券を見せるとバス運賃が割引になる料金制度と取り入れている例などがあります。

　こうした取り組みに参加するには、似たような興味関心を持つ仲間と共感するところからスタートします。互いの考えを聞きあい、意見が違えば議論を重ねることが必要で、違う意見も聞き入れるだけの寛容さを備えた人間関係を築かねばなりません。

　また、行政に対して的を射た政策提言をしたり、自治体の行動計画などの策定に実質的な参画するために、環境政策の枠組みを理解し、政策の現状把握と評価ができ、さらに環境政策の展望を持ちながら行政担当者と意見のすりあわせや交渉をすることもあります。

市民が個人あるいは NPO などの組織として、合理的あるいは科学的な政策の代替案を行政に提言し、公共政策をよりよいものに変えようとする活動のことをアドボカシー（advocacy）と言います[19]。

政策のあり方を含めて社会システムそのもののアドボカシーができるには、市民として社会に関与する積極さすなわち強いシティズンシップが必要といえるでしょう（表2-2）。一方、それに相対して現行の社会システムそのもののあり方を問うというよりも、その枠のなかで自分にできる役割を果たす態度のことを弱いシティズンシップととらえることができます。

表2-2　強いシティズンシップと弱いシティズンシップ

	弱いシティズンシップ	強いシティズンシップ
現行の社会システムの見直しや転換	とくに関与しない。	関与する。場合によっては積極的。
ライフスタイルの見直しや転換	おこなう。場合によっては積極的。	おこなう。場合によっては積極的。

環境教育は、その制度設計によって強いシティズンシップ、弱いシティズンシップのどちらの成長の支援も可能ですが、筆者は弱いシティズンシップにとどまるのではなく、強いシティズンシップを育成する環境教育のしくみをデザインすることが重要だと考えています。

(4) 環境教育で育てたい資質

環境教育において、環境保全活動に関与できるシティズンシップを育てる必要があることがわかりました。では、市民が環境保全に貢献できるために、具体的にどのような資質や力を身につければよいのでしょう。国の環境教育施策を手がかりに考えてみましょう。

表2-3にあるのは、国立教育政策研究所が2007年に編集・発行した『環境教育指導資料小学校編』で述べられている環境教育で育てたい資質です[20]。これについては前で少し触れましたが、1990年代に当時の文部省

が出した同名の資料の改訂版です。前の版では、環境教育の目標については述べられていましたが、環境教育で育てたい資質については十分ではありませんでした。それと比べると、環境教育の世界でも教育目標論だけではなく、資質やスキル形成論として人材育成の観点が重視されるようになったと考えられます。

　ここでは、7つの力や態度といった資質を取り上げています。課題の発見や計画立案、推論や情報活用能力は比較的ポピュラーな資質といえるでしょう。課題の発見というのは簡単なようで実は難しい側面を持っています。たとえば家庭でのごみの減量や省エネといった環境問題への取り組みは、地味で意外性に欠け、こつこつと不断に根気よく継続することで成果を出すことができますが、このような日常はマンネリ化し、モチベーションは低空飛行になりがちです。あるとき何かのきっかけで課題を発見できても、その発見は時間の経過とともに徐々に色あせ、当たり前に見えてき

表2-3　環境教育で育てたい資質

(1) 課題を発見する力
　　環境や環境問題に対して進んで働きかけ、自ら課題を発見する力である。
(2) 計画を立てる力
　　得られた情報から解決するための予想を立て、その予想に基づいて、観察・実験・調査等の計画を立てる力である。
(3) 推論する力
　　環境にかかわる事物・現象についての問題解決の過程で、様々なデータやグラフを解釈したり、事物・現象の要因と結果の関係を考えたりして推論する力である。
(4) 情報を活用する力
　　環境や環境問題に関して、情報の収集・選択を行い、分類・整理などの処理を行った上で、相手の状況などを踏まえて発信・伝達する力である。
(5) 合意を形成しようとする態度
　　環境や環境問題について自分の考えや意見をもってそれを表現するとともに、相手の立場や考えを理解し、合意を形成しようとする態度である。
(6) 公正に判断しようとする態度
　　環境や環境問題について多面的、総合的にとらえようとするとともに、実証的に考え、合理性や客観性を伴った判断をしようとする態度である。
(7) 主体的に参加し、自ら実践しようとする態度
　　環境や環境問題に関する情報収集や議論に主体的に参加し、意見や情報の交換を行いながら考えを深め、保全活動等の実践に自ら進んで加わろうとする態度である。

『環境教育指導資料小学校編』より

第2章 シティズンシップと環境教育

ます。ですから、新しい刺激によって改めて課題が発見できるしかけが必要になりますが、「あー、それはすでに知っている」と過去の発見が想起され、特段新鮮な気持ちにはなりにくいわけです。課題の発見を繰り返し重ねることには難しさがあり、工夫が必要です。

　さて、これらの資質のなかで特に注目したいのは、合意形成と公正な判断です。主体的な参加もこれらに並んで重要ですが、「ベオグラード憲章」および「トビリシ勧告」が示した環境教育の目標群のひとつに、「参加 (participation)」が盛り込まれています。従来から掲げられてきたという意味で、この目標は伝統的なものであり、合意形成や公正な判断に比べればなじみのあるものといえます。

　まずひとつめの合意形成についてです。合意とは複数あるいは質の異なる意見を一致させることです。コミュニティや地域、職場などで環境に関する何らかの問題を解決するために構成員の合意を必要とするとき、まず自分の意見を他の構成員に表明したり、自分の考えと異なる意見を受け止めながら意見をやりとりするなかで、最終的に意見の一致を見いださねばなりません。人と意見が異なる場合、その背景には人々の間に利害上の対立関係があることがあります。ある人にとっては、その問題の解決あるいはその方法などにメリットがあっても、別の人には特にメリットが感じられないこともあるのです。費用あるいは時間やマンパワーといった資源を投入してどれだけの効果が得られるか、すなわち費用対効果の点で温度差があるということです。そのようなとき、自分の意見がいかに正当かを主張するばかりでは合意には至りません。条件を出して交渉したり、妥協点を見いだすなどして、双方にメリットがある関係、すなわちウィンウィン (win-win) の関係になるようにめざします。これには、合意形成をめざそうとする態度だけでなく、状況を俯瞰的に把握したり相手を理解する能力、コミュニケーションや交渉のスキルなども含まれます。

　次に、公正に判断する資質についてです。公正とは、主観を交えずごまかすことなく、すべてをかたよりなく同等に扱うことですが、公正な判断ができるためには社会の事象を多面的に総合的に見ることが求められます。南北格差の問題は、北の国に住む私たちの目と南の国に住む人々の目それ

ぞれにどのように写っているのでしょうか。想像を働かせながら、あるいはまたその現状を示す実証的なデータを客観的に解釈しながら、エネルギー資源、所得、食糧、平均寿命、教育、女性の権利など、複合的あるいは重層的な視点から判断できる能力が求められます。

以上が、国の環境教育施策が考えている資質の育成の概要です。筆者はこの資質群が環境教育で伸長すべきものであると考えて、一定の評価をしています。確かに環境問題の理解や行動のために必要な資質でありますが、しかしこれらで満足かと問われれば十分とはいえません。前節の環境教育の3つのベクトルで説明した、社会を批判的にとらえる態度も、環境教育で伸ばしたい資質のひとつに加えるべきと考えているからです。

社会の現状に対して批判的な態度とは、このような格差ある不公正な社会の状態を構造的にあるいは総合的にとらえて、その状態をどう改善するのか前向きに建設的に関わろうとする態度です。シニカルに見たり独断的に決めつけてかかったり、揚げ足取りや非難をするのではありません。単に分析したり解釈したりするにとどまるのでもなく、分析や解釈から浮かんでくる課題に積極的になる本気の姿勢なのです。

第3節 環境教育実践に見るシティズンシップ

(1) 貧しい国の人を思い、残さず食べる

この節では、シティズンシップの育成という観点で学校における環境教育の実践事例を取り上げて、そのあり方を解釈します。

総合的な学習の時間がスタートして間もない頃ですので、今から少し前のことになりますが、とある小学校の5年生の総合的な学習の時間の授業を参観するなかで見た場面です。この単元のねらいは、自分たちの食生活と環境との関わりに気づき、環境を守るために自分たちにどのようなことができるかを探ることや、自分たちの日常生活のなかにも環境を守るための活動がいろいろあることに気づき、自分たちの生活を見直すことでした。

第2章　シティズンシップと環境教育

全35時間をかけて、今の自分たちの食生活にはどのような問題があるのかを知り、その原因を調べ、調査の結果を互いに聞きあいながら自分たちの食生活をどのようにしていけばよいか、自分なりの目標を設定するという計画のもとに、海外の食生活の実態、コンビニエンスストアの取り組み、食生活の今と昔、有機農業の4つの課題を設定して、グループごとにインタビュー等による情報収集や調べ学習を行いました。参観した授業は30時間めで、グループごとのポスター発表と、どのような点に気をつけて食生活を送っていけばよいかについての話し合いがなされました。

　児童からは、「自分たちが今食べている多くの食べ物に食品添加物や抗生物質が入っているが、人口が増えて大量の食料が必要なのだから仕方ない」という意見や、「昔の食べ物を保存する工夫の方が地球にはやさしいが、今の方法もよい」「知らないで保存料などを口にするのは良くない」など、多くの意見が出されました。給食の食べ残しのことについての意見も多く出て、複数の児童が「食べ残しは貧しい国の人たちに失礼だからやめるべきだ」という意見を続けて発表したところで、あるひとりの児童が、「日本のその悪いところをどうやって人に伝えていくのか。日本のどういうところを直していけばよいのか」と発言しました。食べ残しはよくない、十分な食料に恵まれていない人々のことを思い浮かべると、食べ残すという私たちの行為は彼らに対して失礼で、倫理的に問題があるという指摘はまちがっていないし、常識的ですばらしい意見です。このような意見が出ると、きっと教師は「そうですね。ですから、皆さん、明日から給食を食べ残さないで全部食べるようにしましょう」と授業をまとめるでしょう。この授業の先生もそう言っていました。

　筆者は、「どう伝えていくのか、どう直していけばよいのか」という後者の意見に引かれました。単に一人ひとりの心がけやおこないのよさ悪さにこの問題をとどめておかないで、食料が豊富にあるなかで私たちが日常的に食べ残しをすることを、国や社会の問題としてとらえていたからです。そして、その問題をどのように人に伝えて共有化し、改善していけばよいのか、社会の問題として扱うべきだという問題提起もしています。社会システムそのもののあり方を問うているという点で、この児童は強いシティ

ズンシップを備えていたと評価できます。また、社会を批判的にとらえることもできています。どのようにすればそれが改善できるのかという、建設的な批判をする態度を備えています。

　もし読者のあなたが将来教師をめざしているならば考えていただきたいことは、授業のなかで児童生徒から後者のような意見が出されたら、教師としてどのように対応することができるかということです。教師のシティズンシップが児童生徒のそれより弱いと、おそらく児童の発言の扱いに困ります。この授業の教師は、前者の発言には同意しましたが、後者の発言に対しては何のコメントもしませんでした。この教師自身がこのような批判的態度を持っていなかったのかもしれないし、児童がこのような発言をするとは、指導計画を立てた時点で想定していなかったのかもしれません。あるいは、社会がどう変わっていけばよいのかという、いわば正解がすぐに見いだしにくい問いを発せられて、授業をまとめにくいと感じたために、この発言を無視したのかもしれません。いずれにせよ、このような注目に値する児童のポイントを突いた発言に教師が何も反応しなかったことは、この授業の成否を左右するくらい決定的なことでした。すべての教師に強いシティズンシップや批判的態度を備えることを要求するのは現実的ではないでしょうが、少なくとも、そのような態度がどのようなものかについては理解しておくべきです。

(2) みんなで環境に配慮した学校にするしくみ

　次は、大阪府下のある市において、市立のすべての幼稚園と小中学校が取り組んでいる環境教育のしくみの事例を紹介します。学校は教職員にとって職場、児童生徒にとって学びの場ですが、両者が1日のうちの4分の1から3分の1を過ごしている生活の場でもあります。その学校生活において、環境負荷を低減するために、学校の環境を自分たちの手で計画的継続的に管理するしくみを4年前から導入しています（図2-4）。一般的にこのようなしくみのことを環境マネジメントシステム（Environmental Management System: EMS）といい、PDCAサイクルというシンプルな手法

第2章 シティズンシップと環境教育

を柱にしています（コラム参照）。

この市では独自の環境マネジメントシステムを構築し、市教育長をトップにした市全体の推進体制と各学校園内の推進体制を確立しています。特に教職員はエコオフィス活動に取り組んでいて、紙や電気、水道の使用量を定期的に点検し、年度初めに立てた目標に近づくようにそれらの削減に努めています。

学校における環境教育というと、環境教育に関心のある一部の先生が熱心に取り組み、その先生が異動になるとその学校の環境教育は活動が縮小してしまうことが比較的多いのです。前述のように、環境は総合的な学習の時間に取り扱うテーマのひとつの例示でしかありませんから、総合的な学習の時間に環境教育をしなくても何ら差し支えはありません。この状況を児童生徒の側から見ると、環境教育に熱心な先生の指導に恵まれれば環境について学ぶ機会が増えますが、そうでない場合には他教科の関連する

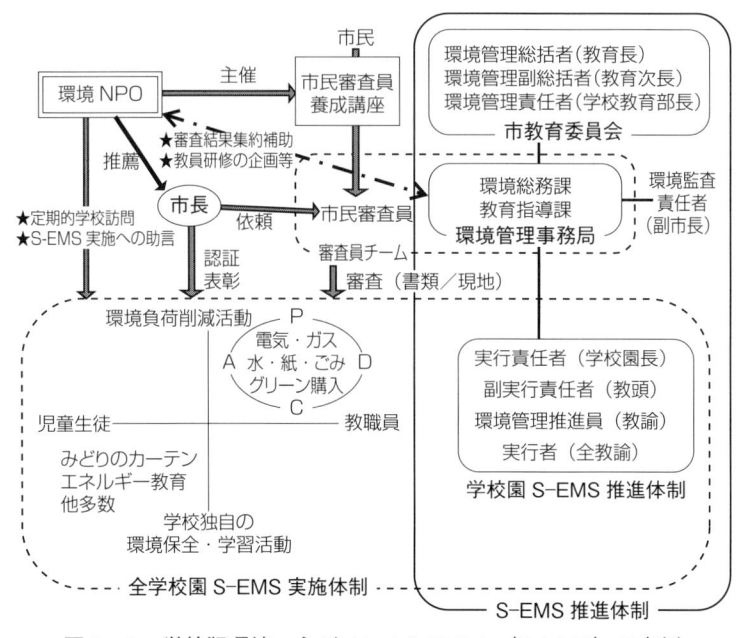

図2-4 学校版環境マネジメントシステム（S-EMS）の事例

単元で習う以外に、特に環境について学ぶことなく1年が過ぎてしまうという状況になります。そのような状況が積年する可能性もあります。ひとりの子どもの小中学校9年間をとおして見ると、環境教育の学習内容が体系的になっていないだけでなく、学習機会の頻度さえ指導を受ける先生の興味・関心や熱心さに直接的に影響を受けているのが現状です。日本の多くの学校が、これに近い実態であろうと考えられます。

この市のシステムの場合には、市立のすべての学校園で環境学習と環境

【コラム】PDCAサイクル

PDCAとは、自分たちの活動や取り組みの計画を立て（Plan）、それに従って実際に活動し（Do）、その活動がうまくできたか、どこがうまくいかなかったか、どういう成果があったかを点検、見直しし（Check）、改善点を明らかにして、次の計画にそれを反映させる（Act）という方法です。環境の活動に限らず、学校の安全や防災、衛生などの方面の活動にも適用が可能ですし、できれば、ひとつのしくみにこのような複数のテーマの活動を対象にして運用すると活動が計画的で継続的になります。個人の学習や活動にも適応できますが、組織として活動するときに自主的にPDCAサイクルを導入することは、自分たちの活動基盤や活動そのものを自分たちの手で計画的に継続的に発展させることにつながる、有効な手法といえます。

近年、事業所や役所、大学などでもISO14000シリーズという国際標準化機構（本部はスイスにあります）が定める環境管理の国際規格を認証取得しているところが多くあります。そのほか環境省がやっているISOより簡易なエコアクション21というマネジメントシステムもあります。特に事業所は、ISOを認証取得していないと、企業間取引や入札ができないなど、不利益を受けることもあります。

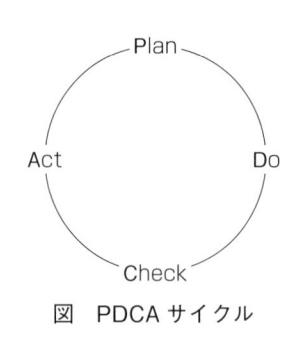

図　PDCAサイクル

保全活動が計画的に実施されています。このことは、市内のどの学校に通っていても、すべての児童・生徒が幼稚園から中学校までの間環境教育を継続して受けることができることを意味します。環境教育活動における学校間の質が保たれ、格差が小さいといえます。学校での環境教育の取り組みを広げたいと考えている側から見ると、とても画期的ですばらしいしくみです。

　行政が平成19年度からこのようなしくみを整備し各学校園に導入したのですが、このしくみが児童生徒にとって本当に意味のあるものになるには、学校が取り組む姿勢が重要なポイントです。教職員らは環境教育の推進の必要性を特に感じていないのにもかかわらず、組織の外部からあるいは組織のなかでトップダウンで力が働いていて、やらざるを得ない状況だからやるのか、それとも自分たちの生活の場を自分たちの手で環境配慮型へと変えていこうという、いわば自治の考えとモチベーションを高めて前向きに活動するのか、という違いです。

　学校現場は多忙だし、企業のように環境に著しい影響を与える心配はそうないので、そのようなシステムなど必要ないという意見もあるでしょう。また、学校は人を育てる大事な所なのだから、教育活動に必要なものをけちけち削っていては子どもたちに十分な指導はできない、プリントを配るにも紙の使用量を気にしなければならないのか、という考えもあります。しかし必要な分を削減するのではなく無駄を削減することは、今や医療現場でもめざされるべきことであり、教育現場も例外ではありません。

　むしろ、教育現場だからこそ、自分たちの生活環境を自分たちの手で、すなわち自治で管理運営するなかで、めざす環境像やそこに至る方法を仲間と協力することをとおして確立させていくことを、実地で学ぶのに適しているのです。児童生徒や教職員がその構成員の一員として関わりを持つ学校すなわち教育コミュニティにおいて、自分たちの生活の場を環境配慮型に変えていくために、自分たちの意思で計画し、よりよい状態に向けて継続してPDCAサイクルを重ねるなかで、環境教育で求められている資質と、民主的な方法によって自らの環境活動システムの構築やその見直しに参画するという強いシティズンシップを育成する機会が内包されている

からです。

　このようなしくみに取り組んでいる自治体や学校は、徐々にではありますが、国内で増えてきています。このようなしくみは環境教育だけでなく、学校安全や防災などのテーマ学習に取り入れることも効果的ですし、ひいては自分たちの学びを計画的に共同して継続的に高めていく手法として有効です。

【さらに学びたい人のための読書案内】
鈴木善次(1994)『人間環境教育論 ── 生物としてのヒトから科学文明を見る』創元社
フィエン, J.／石川聡子ほか（訳）(2001)『環境のための教育 ── 批判的カリキュラム理論と環境教育』東信堂
ユネスコ（編）／阿部治・野田研一・鳥飼玖美子（監訳）(2005)『持続可能な未来のための学習』立教大学出版会，有斐閣発売
今村光章・井上有一・塩川哲雄・石川聡子・原田智代 (2005)『持続可能性に向けての環境教育』昭和堂
石川聡子（編著）(2007)『プラットフォーム環境教育』東信堂

第3章 人権教育を核とするシティズンシップ教育

森　実

　シティズンシップという概念が国家の枠を超えて展開されるようになり、コスモポリタンシティズンシップ[1]などの概念で語られるようになったときから、シティズンシップ教育と人権教育は、いっそうつながりを深めました。人権という概念は成立当初より国家の枠を超える可能性を持っていました。1948年に世界人権宣言が出され、国際人権規約などの人権諸条約が諸国によって批准されるなかで、人権は国家を超えてすべての人間に同等の権利を保障する裏付けとして機能してきました。人権は、シティズンシップが国家の枠を超える手助けとなり、シティズンシップ教育が世界展開する土台となりました。ヨーロッパやユネスコにおけるシティズンシップ教育で人権教育が大きな位置を占めているのは、そのためです。ヨーロッパやユネスコの文献に従えば、人権教育はシティズンシップ教育の中核だということもできます。

　この章では、2つの調査結果から、日本の人権教育がどのような特徴を持っているかを考えた上で、ヨーロッパやユネスコにおけるシティズンシップ教育と人権教育の関わりを紹介し、シティズンシップ教育の問題意識を取り入れることにより日本の人権教育が発展する可能性を論じます。シティズンシップ教育により、同和教育から発展してきた人権教育にもさらなる発展の可能性を開くことができるはずです。また最後には、シティズンシップ教育を発展させるために同和教育で培われた原則と問題意識を提案しておきたいと思います。

第1節 日本における全国的な人権教育の特徴と課題

(1) 大阪教育大学での学生調査から

　大阪教育大学では、学生（主として1回生）を対象に2009年4月に部落問題意識調査を実施しました。同和教育を受けたことがあるかという質問に対しては、回答者の約76％が「ある」と答えています。調査票では続けて問10で、同和教育の印象について次のように尋ねています。

　　問10　同和教育を受けたことがある人にたずねます。これまでに受けた同和教育で強く印象に残ったのはどんなことですか。次のなかから3つまで選んでください。

　回答者の同和教育に対する印象は、図3-1のとおりでした。この上位5項目から、回答者の意識状況を要約すると、次のようになります。回答者たちは、同和教育をとおして差別の厳しさを認識し、差別された側が悔しい思いを抱いていることを学んでいます。しかし、差別は身近にあり、自分も差別してしまうかもしれないから、差別問題に関連してうかつなことを言ってはいけないと感じていると推測できます。ここからうかがえるのは、差別問題をある程度身近に感じてはいるが、それはどちらかといえば差別する側に自分をおいてそう感じているのではないかということです。
　選ばれた比率が低い選択肢に注目しても、同様の状況は浮かび上がってきます。回答者の多くは、差別を縁遠いものと感じているわけでもなければ、差別された人のことを惨めだと見ているわけでもありません。しかし、先生が熱心に取り組んでいるとも思っていないし、差別されている人たちが人間的に温かいとも感じていません。さらにいえば、自分のなかに被差別の立場性を見いだしたわけでもないのです。ここから浮かぶのは、被差別の立場の人たちへの人間的共感が弱そうだということでしょう。

第3章　人権教育を核とするシティズンシップ教育

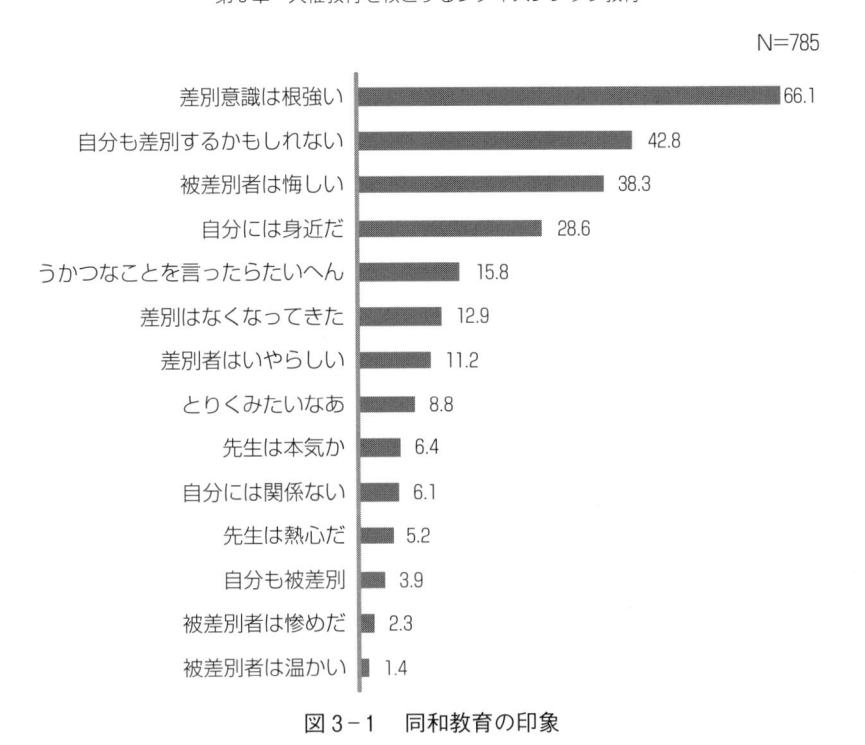

N=785

項目	値
差別意識は根強い	66.1
自分も差別するかもしれない	42.8
被差別者は悔しい	38.3
自分には身近だ	28.6
うかつなことを言ったらたいへん	15.8
差別はなくなってきた	12.9
差別者はいやらしい	11.2
とりくみたいなあ	8.8
先生は本気か	6.4
自分には関係ない	6.1
先生は熱心だ	5.2
自分も被差別	3.9
被差別者は惨めだ	2.3
被差別者は温かい	1.4

図3-1　同和教育の印象

　このような意識状況であれば、差別問題に近づかないでおこうとする傾向が出てくることは想像できるのではないでしょうか。自分も差別してしまうかもしれないからです。実際「積極的にとりくみたいなあ」という選択肢を選んだ回答者は、9％ほどに止まっています。

　こうした結果は、学習者としての勝手な印象なのでしょうか。それとも、現在行われている教育のあり方と関連があるのでしょうか。この調査に回答した大阪教育大学の学生は、8割が近畿圏の出身者で占められています。ですから、この結果が全国的な動向をどれほど正確に反映しているかという点には議論の余地がありますが、ここでは、いちおう全国的な状況をある程度反映しているものとして考えてみることにしましょう。

(2) 文部科学省による「人権教育の推進に関する取組状況調査」

2008年12月に、文部科学省が全国の小・中・高校、特別支援学校を対象として人権教育の推進に関する取組状況の調査を行いました[2]。この調査結果は、人権教育実施主体である学校から見て、日本の人権教育がどのような特徴を持っているかをよく示しています。ここではその質問項目のひとつ、問12「人権教育の指導内容」に関する調査結果を紹介しましょう。問12の質問文と選択肢は次のとおりです。

問12 貴校では、人権教育の指導内容として、どのような資質・能力を身につけさせることに力を入れていますか。次のア〜セのうち特に力を入れているものを、5つまでの範囲で選び、記入用紙に該当の希望を記入してください。
　ア　自由、責任、正義、個人の尊厳、権利、義務などの諸概念についての知識
　イ　人権に関する国内法や条約等に関する知識
　ウ　人権発展の歴史や人権侵害の現状等についての知識
　エ　人権の観点から自己自身の行為に責任を負う意志や態度
　オ　自己についての肯定的態度（自尊感情など）
　カ　適切な自己表現等を可能とするコミュニケーション技能
　キ　自他の違いを認め、尊重する意識、多様性に対する肯定的態度
　ク　他者の痛みや感情を共感的に受容できるための想像力や感受性
　ケ　人間関係のゆがみ、ステレオタイプ、偏見、差別を見きわめる技能
　コ　合理的・分析的に思考し、公平で均衡のとれた結論に到達する技能
　サ　対立的問題に対しても、双方にとってプラスとなる解決法を見いだすことのできるような建設的な問題解決技能
　シ　自他の人権を擁護し、人権侵害を予防したり解決するために必

ス　自己の周囲、具体的な場面において、人権侵害を受けている人を支援しようとする意欲・態度
　　　セ　正義、自由、平等などの理念の実現、社会の発達に主体的に関与しようとする意欲・態度

　質問文の後におかれた14項目の選択肢は、2008年3月に文部科学省が全国の小・中・高校に配布した「人権教育の指導方法等の在り方について【第3次とりまとめ】」（以下、「第三次とりまとめ」と略）の認識に基づいて設定されています。「第三次とりまとめ」では、次頁の図3－2にあるような人権教育の目標に関する認識を提示しました。

　チャート全体の土台に「全ての関係者の人権が尊重されている教育の場としての学校・学級（人権教育の存立基盤としての教育・学習環境）」をおき、その上に、「知識的側面」「価値的・態度的側面」「技能的側面」という3つの柱を設定しています。それぞれの柱のもとに5項目から8項目の具体的目標が示されています。このような枠組みは、世界的な人権教育の動向を考慮に入れつつ、日本の人権教育の直面する課題を意識して構成されているといってよいでしょう。

　この枠組みのなかで特に意外な印象を持たれているのが、「技能的側面」に位置づけられた項目群です。たとえば、「人間の尊厳の平等性を踏まえ、互いの相違を認め、受容できるための諸技能」や「他者の傷みや感情を共感的に受容できるための想像力や感受性」といった項目は、これまでは「価値的・態度的側面」としてとらえられることが多かったのではないでしょうか。一昔前であれば、「感性」と呼ぶこともよくありました。

【参考】 「人権教育を通じて育てたい資質・能力」
自分の人権を守り、他者の人権を守るための実践行動

↑

自分の人権を守り、他者の人権を
守ろうとする意識・意欲・態度
(以下の「人権に関する知的理解」と「人権感覚」
とが結合するときに生じる)

↑　関連　↑

人権に関する知的理解
(以下の知識的側面の能動的学習
で深化される)

人　権　感　覚
(以下の価値的・態度的側面と技能
的側面の学習で高められる)

↑　　　　　　　　　↑　　　　　　　　　↑

知識的側面	価値的・態度的側面	技能的側面
●自由、責任、正義、平等、尊厳、権利、義務、相互依存性、連帯性等の概念への理解 ●人権の発展・人権侵害等に関する歴史や現状に関する知識 ●憲法や関係する国内法及び「世界人権宣言」その他の人権関連の主要な条約や法令等に関する知識 ●自尊感情・自己開示・偏見など、人権課題の解決に必要な概念に関する知識 ●人権を支援し、擁護するために活動している国内外の機関等についての知識　等	●人間の尊厳、自己価値及び他者の価値を感知する感覚 ●自己についての肯定的態度 ●自他の価値を尊重しようとする意欲や態度 ●多様性に対する開かれた心と肯定的評価 ●正義、自由、平等などの実現という理想に向かって活動しようとする意欲や態度 ●人権侵害を受けている人々を支援しようとする意欲や態度 ●人権の観点から自己自身の行為に責任を負う意志や態度 ●社会の発達に主体的に関与しようとする意欲や態度　等	●人間の尊厳の平等性を踏まえ、互いの相違を認め、受容できるための諸技能 ●他者の痛みや感情を共感的に受容できるための想像力や感受性 ●能動的な傾聴、適切な自己表現等を可能とするコミュニケーション技能 ●他の人と対等で豊かな関係を築くことのできる社会的技能 ●人間関係のゆがみ、ステレオタイプ、偏見、差別を見きわめる技能 ●対立的問題を非暴力的で、双方にとってプラスとなるように解決する技能 ●複数の情報源から情報を収集・吟味・分析し、公平で均衡のとれた結論に到達する技能　等

←関連→　　　←関連→

←――――――関連――――――→

↑　　　　↑　　　　↑

全ての関係者の人権が尊重されている教育の場としての学校・学級
(人権教育の成立基盤としての教育・学習環境)

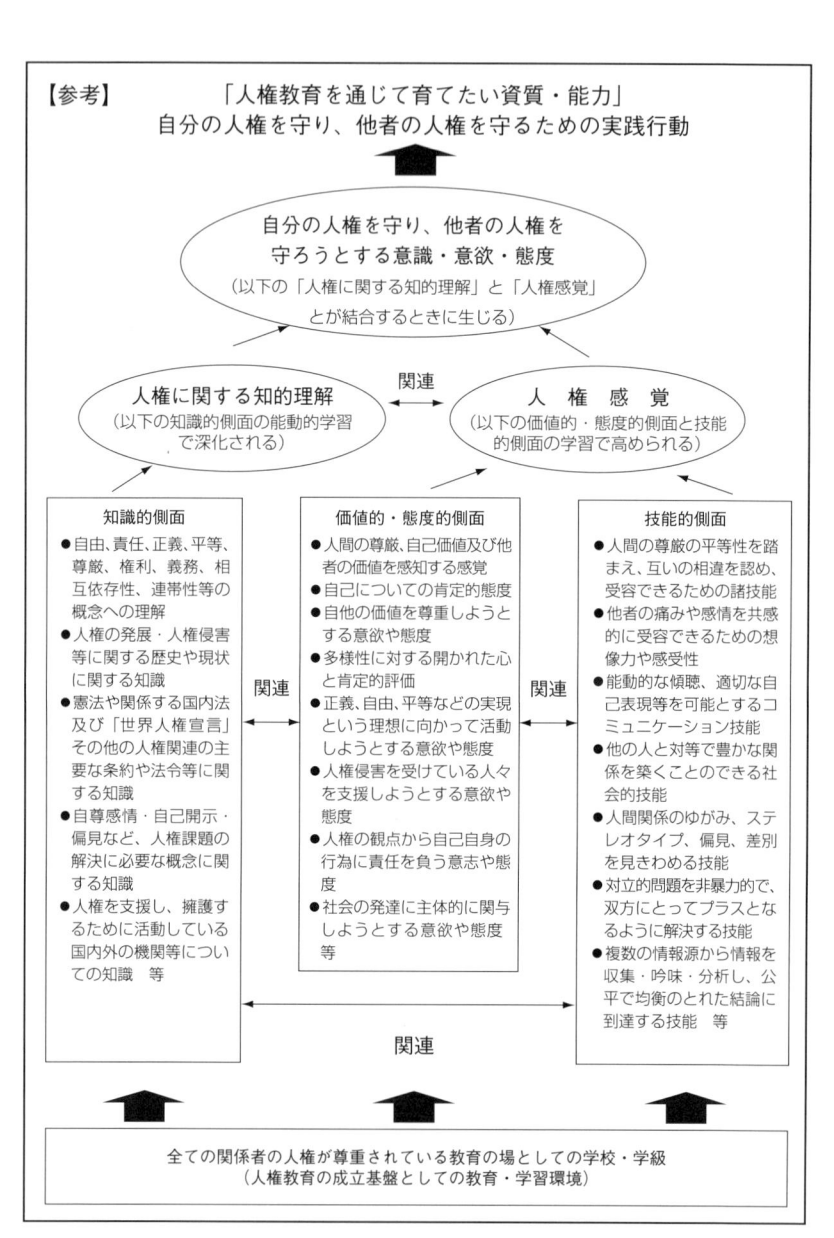

図3-2　「第三次とりまとめ」における人権教育の目標

第3章　人権教育を核とするシティズンシップ教育

───**【コラム】人権教育の指導方法等の在り方に関する調査研究会議**───

　2003年度より文部科学省は「人権教育の指導方法等の在り方に関する調査研究会議」を組織しました。これは、2002年3月に策定された「人権教育・啓発に関する基本計画」の規定に従って設置されたものです。その規定にあったのは、「学校における指導方法の改善を図るため、効果的な教育実践や学習教材などについて情報収集や調査研究を行い、その成果を学校等に提供していく」「学校教育については、人権教育の充実に向けた指導方法の研究を推進するとともに、幼児児童生徒の人権に十分に配慮し、一人ひとりを大切にした教育指導や学校運営が行われるように努める」という内容です。

　福田弘氏を座長とする同会議では、つねに日本の人権教育の取組状況について正確な把握に努めつつ、国際的な人権教育についての動向を日本に紹介し、導入することを大切にしてきました。とりまとめの文書をていねいに読めば、国内の人権教育の課題が何であり、それを克服する手がかりがどこにあるのかを考えることができます。もちろんその手がかりは、国外のどこかにあるわけではありません。課題克服の手がかりは、国内の実践にあり、国内の人々の声にあります。国際的な動向は、国内の人々の思いをしかるべく受け止める手がかりを提供してくれているのです。

　同調査研究会議は、2004年6月に「人権教育の指導方法等の在り方について【第一次とりまとめ】」、2006年1月に同【第二次とりまとめ】を出しました。次いで、2008年3月に【第三次とりまとめ】を発表しています。同会議は、2008年12月に「人権教育の推進に関する取組状況調査」を実施し、この報告を2009年10月にまとめました。その後も、この調査研究会議は継続されており、全国的な人権教育の推進に対して提案を行っています。

(N=1715)

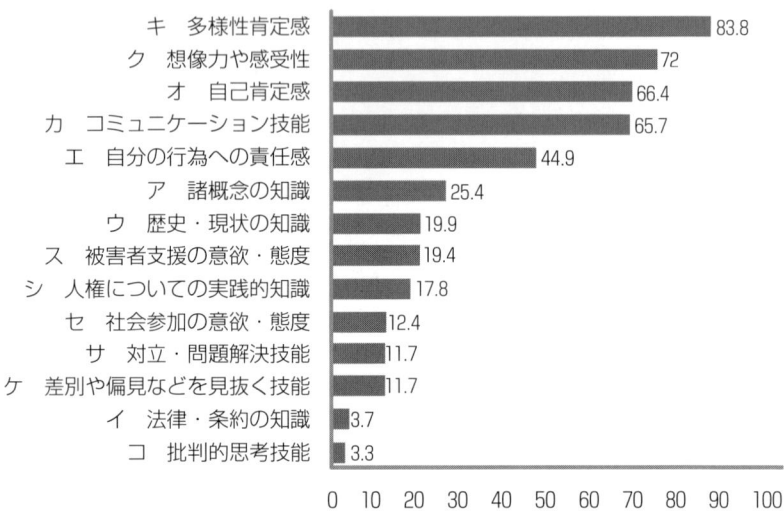

項目	値
キ　多様性肯定感	83.8
ク　想像力や感受性	72
オ　自己肯定感	66.4
カ　コミュニケーション技能	65.7
エ　自分の行為への責任感	44.9
ア　諸概念の知識	25.4
ウ　歴史・現状の知識	19.9
ス　被害者支援の意欲・態度	19.4
シ　人権についての実践的知識	17.8
セ　社会参加の意欲・態度	12.4
サ　対立・問題解決技能	11.7
ケ　差別や偏見などを見抜く技能	11.7
イ　法律・条約の知識	3.7
コ　批判的思考技能	3.3

図3-3　指導内容の構成（全体）

　図3-3は、この調査項目に関する回答校全体の結果を示しています。
　図3-3では項目を要約して記しましたので、この説明の文章では選択肢の項目をそのまま書き出しつつ説明してみます。もっとも高いのは、「自他の違いを認め、尊重する意識、多様性に対する肯定的態度」です。それに次いで「他者の傷みや感情を共感的に受容できるための想像力や感受性」「自己についての肯定的態度（自尊感情など）」「適切な自己表現等を可能とするコミュニケーション技能」が多くを占めました。これら4項目からやや離れますが、この次に「人権の観点から自己自身の行為に責任を負う意志や態度」という項目が並んでいます。学校側の意見によれば、共感性や想像力は大切にされていることがわかります。もしそうだとすれば、もう少し共感的な回答が学生から出てきてもよいように思えます。しかし、そうなっていないとすれば、それはなぜでしょう。
　選ばれることの少なかった項目を5つ挙げると、次のようになります。もっとも少なかったのは、「合理的・分析的に思考し、公平で均衡のとれた結論に到達する技能」です。これに次いで「人権に関する国内法や条約

第3章　人権教育を核とするシティズンシップ教育

等に関する知識」「人間関係のゆがみ、ステレオタイプ、偏見、差別を見きわめる技能」「対立的問題に対しても、双方にとってプラスとなる解決法を見いだすことのできるような建設的な問題解決技能」「正義、自由、平等などの理念の実現、社会の発達に主体的に関与しようとする意欲・態度」といった項目が並んでいます。

　多かったのが、主に「価値的・態度的側面」に関連する項目であったのに対して、少なかったのは、主に「技能的側面」に関連の深い項目だということがわかります。「批判的思考技能」「バイアスを見抜く技能」「対立・問題解決技能」の3項目が技能と関連していることは明瞭でしょう。それ以外の2項目は「法律・条約に関する知識」と「社会参加の意欲・態度」であり、直接的には技能ではありませんが、いずれも行動力に関わりの深い項目だといえるでしょう。

　このように見てくると、学生の回答と日本の人権教育の内容との関連が浮かび上がってくるのではないでしょうか。日本の学校では、共感や想像力、責任感などを育てようとしています。しかし、差別問題を見抜く力や、問題を解決する力などは重視していないので、このままでは具体的にどうすればよいのかがわかりません。そのため、実際に差別に関わる場面に出くわせば、オロオロと動揺してしまいかねません。学習者からすると、問題に向き合うことへのためらいが広がりやすくなります。その結果として、「差別してはいけない」という思いの方が、「差別問題に取り組もう」という意識よりも強くなってしまい、「差別問題に近づかないようにしよう」という思いとなっているのではないかということです。

　ここから今後の課題のひとつとして指摘できるのは、行動力との結びつきが強い技能的側面や知識的側面を強めつつ、価値的・態度的側面で大切にしようとしている事柄に裏付けとなる力を育むことです。技能的側面や知識的側面を強めることによって、行動力としての裏打ちを持てるようになることが期待されるのです。技能的側面や知識的側面を欠いた人権教育では、学習者に「思いはあっても行動できない」状態を広げかねないことになります。そのような教育では、学習者にジレンマを強いる学習にとどまるでしょう[3]。

このような問題状況を改善するひとつの手がかりが、シティズンシップ教育にあります。とりわけ、ヨーロッパで展開され、国連で提唱されている人権教育やシティズンシップ教育には、豊かな財産が蓄積されています。次に、そのような観点から、ヨーロッパや国連で提唱されているシティズンシップ教育や人権教育を見ることにしましょう。

第2節　ヨーロッパと国連における人権教育と
　　　シティズンシップ教育

(1) ヨーロッパ

　他の章でも述べてきたとおり、1990年頃より世界的にシティズンシップ教育への関心が強まりました。そのなかでも、もっとも積極的に取り組んでいるのはヨーロッパです。そして、人権教育にもっとも熱心な国際地域もヨーロッパです。時間的にいえば、人権教育が一足先に1970年代から広く取り組まれるようになり、シティズンシップ教育は1990年代になって推進されるようになったということができるでしょう。現在では、両者はお互いに密接な関わりを持ちつつ展開されています。
　欧州評議会（Council of Europe）では、1985年に各国において人権教育を推進するよう求める勧告を採択しました。多様性の増すヨーロッパ社会に対応できるよう、国境を超えた人権に基礎をおく教育が必要だとしていました。その後、ヨーロッパ各国では、しだいに人権教育を学校のなかに組み込み、普及させていきました。
　最近では2010年5月11日、欧州評議会は「民主主義的シティズンシップ教育と人権教育に関する欧州評議会憲章（Council of Europe Charter on Education for Democratic Citizenship and Human Rights Education）」を採択しました。
　同憲章は、「民主主義的シティズンシップ教育（education for democratic citizenship）」を次のように定義しています。

第3章　人権教育を核とするシティズンシップ教育

「民主主義的シティズンシップ教育」とは、民主主義や法の支配の促進と擁護という観点の下、学習者に知識・スキル・理解を身につけさせ態度や行動を育むことによって、**社会において自分たちの持つ民主主義的な権利や責任を行使し擁護することをめざして、多様性を尊重し、民主主義的生活のなかで積極的な役割を演じられるように学習者をエンパワーしようとする**教育・研修・啓発・情報提供・実践・活動である[4]。

同憲章ではまた、「人権教育（human rights education）」を次のように定義しています。

「人権教育」とは、人権と基本的自由の促進と擁護という観点の下、学習者に知識・スキル・理解を身につけさせ態度や行動を育むことによって、**社会において人権という普遍的文化を建設しこれを擁護することに貢献できるよう学習者をエンパワーしようとする**教育・研修・啓発・情報提供・実践・活動である[5]。

同憲章はさらに、これら2つの関係について次のように述べています。

民主主義的シティズンシップ教育と人権教育は、深く相互に関係しており互いに支えあっている。両者の違いは、目標や実践にあるのではなく、何に焦点を合わせ、領域の幅をどのようにとらえるのかという点にある。**民主主義的シティズンシップ教育が焦点を合わせるのは、民主主義的な権利と責任であり、積極的な参加である。そして、市民・政治・社会・経済・法律・文化といった社会的領域との関連でそれを追求する。それに対して人権教育は、それよりも幅の広い人権と基本的自由という観点を持って、人々の暮らしのあらゆる側面に関心を寄せるのである**[6]。

このように見ると、ヨーロッパで想定されている民主主義的シティズンシップ教育は、人権教育以上に社会参加や実践力に焦点を合わせた概念であるといえそうです。そしてもしもそうだとすれば、シティズンシップ教

育を積極的に導入することによって、先に見たような日本の人権教育の弱点を克服する手がかりが得やすいであろうことも想像できます。

(2) 国際連合

　人権教育という概念は、英語でいう human rights education に相当します。この意味での人権教育という概念は、1970年代にヨーロッパで使われ始めました。国際連合レベルでいえばさらに新しく、1980年代からということができます。

　国連における人権教育概念の議論を紹介しておきましょう。1978年にユネスコによって人権教育関連の会議が開かれていますが、その会議名称に human rights education（人権教育）という概念は含まれていませんでした。開催にあたって会議の名称に含まれていたのは、teaching of human rights（人権の教授）です。会議のなかでは、teaching（教授）だけでよいのかという議論がなされています。人権を教えるなら、その前提として教える場のあり方が人権の価値観に即していなければならないし、それ以前に教育の機会均等なども守られていてしかるべきではないか、そのことも含めて論じるなら、teaching of human rights（人権の教授）よりも human rights education（人権教育）の方が的確ではないかと語られたのです。このような議論を受けて、同会議の最終報告では、teaching of human rights（人権の教授）という概念とともに、human rights education（人権教育）という概念があわせて用いられました[7]。

　その後国連は、1995年から2004年までを「人権教育のための国連10年」と定め、加盟諸国に人権教育・研修の推進を要請し、「10年」終了後の2005年からは「人権教育のための世界計画」第1フェーズを開始し、初等中等教育における人権教育の計画的展開を求めました。2010年からはその第2フェーズに入っており、各国に対して、大学等における人権教育や人権に関連する職業人への人権研修の推進を求めています。このように、国連では人権教育という概念の下、さまざまな提言や政策が進められています。

第3章　人権教育を核とするシティズンシップ教育

　第1章でも紹介したところですが、ユネスコでは1998年に「21世紀に向けたシティズンシップ教育」という文書を発表しました。この文書では、冒頭から次のように述べて、シティズンシップ教育と人権教育との関連に言及しています。

　　諸国における初等中等学校は、シティズンシップ教育の授業を提供し、その諸活動を組織しています。教育担当の国連機関であるユネスコは、人権教育や価値教育を促進し実施する中心的役割を演じてきたので、シティズンシップ教育と人権教育が相互に補完的な関係にあることも考慮しなければならない立場にあります。経済問題や社会問題がグローバル化するに伴って、もはやシティズンシップは一国内の問題としてとらえたり、行使したりすべきではない時代がやってきています。シティズンシップ教育を国際的な問題としてとらえ直し、これに新しい意味を付与することによって、シティズンシップ教育を再定義することが急務となっているのです。国際社会は、しだいに変化が急になっており、いっそう重要になりつつあります。以下で私たちは、シティズンシップ教育の意味を定義しようとするのですが、それは端的にいえば、人権を知識のひとつの領域として具体化するものとなり、民主主義を教育実践のひとつの領域として具現化するものとなるでしょう[8]。

　この引用からも、ユネスコが人権教育と強い結びつきのあるものとしてシティズンシップ教育を構想していることがわかります。シティズンシップ教育が国家の枠を超えるよう求められているという認識の下、人権教育に行動力を付与し、人権を社会に実質化するものとしてシティズンシップ教育を位置づけようとしていると特徴づけることもできるのではないでしょうか。

(3) 日本にとっての意味

　日本の人権教育が、確かな知識やスキルに裏付けられた実践力に届いて

いないということを指摘しました。そして、その状況を変えていく手がかりのひとつが、ヨーロッパや国連等におけるシティズンシップ教育にあるのではないかと述べました。国際的なシティズンシップ教育全体を把握しつつ論じることは今後の課題とし、ここでは日本の人権教育をより実践的な、行動力を育むものとするための提案をしたいと思います。

　人権教育に限らず、日本の学校教育は実践力につながりにくいと指摘されてきました。PISA調査などでの学力観は、「知識や経験をもとに、自らの将来の生活に関する課題を積極的に考え、知識や技能を活用する能力があるか」といった問題意識を強く持っています。このような調査で日本の子どもたちが芳しい結果を残さなかったというわけで、「学力低下」論争が起こっています。その意味では、シティズンシップ教育の問題意識を導入することは、人権教育に止まらず、日本の教育全体にとって意義があるということができるでしょう。

第3節 人権教育をシティズンシップ教育に発展させるために

(1) まちづくり人権総合学習の展開

　人権教育という枠組みで進められている実践が、シティズンシップ教育としての内実を備えているという例は各地にあります。ここでは、ある小学校で取り組まれた人権総合学習の実践を紹介します。(カッコ内に英単語を入れて紹介していますが、これはコラムで説明するADIDASという枠組みの説明です。とりあえず気にせずに読んでください。)

　ある小学校の6年生におけるまちづくりの学習です。この学年の児童たちは、5年生のときに世界の子どもたちについて学び、子どもの権利条約を知りました。そして、被差別の立場にある子どもたち、弱い立場にある子どもたちの権利を守ることの大切さを考えました。6年生になってからの総合学習では、1年生の頃からお世話になってきた地域の方たちがもっと住みやすくなるように、まちづくりをテーマとすることになりました。

第3章 人権教育を核とするシティズンシップ教育

　導入の学習活動（A = Activity）は、まちづくりのオークションです。どんなまちであってほしいか、あらかじめ子どもたちにアンケートをとり、30に及ぶ項目を取り上げてオークションに取り組みました。「安全な道のあるまち」「完全メニュー方式の給食のある学校」「24時間安心していつでもかかれる市民病院のあるまち」などなど、さまざまな項目をめぐって、オークションが始まりました。

　「完全メニュー方式の給食のある学校」にこだわり、全額をこれにかけたのは、アトピー性のアレルギーがある子です。ふだんから学校給食が食べられず、家でお弁当をつくってもらってきている子でした。これには、理由を聞くまでもなく、みんなが納得しました。「安全な道のあるまち」を競り落としたのは、ふだんから元気でやんちゃな子で、みんなにとってその子がこの項目にこだわったのは意外でした。「24時間安心していつでもかかれる市民病院のあるまち」を競り落としたのも、意外な子でした。

　熱気を帯びたオークションが終わり、振り返りの話し合い（D = Discussion）になりました。競り落とした子どもたちに質問が飛びます。アレルギーのある子には、改めてふだんの思いを聴きました。「安全な道のあるまち」を競り落としたやんちゃな子は、数日前、自転車に乗っていて道の穴ぽこでこけたことを告白しました。「24時間安心していつでもかかれる市民病院のあるまち」を競り落とした子は、お母さんが病気がちで救急車で搬送されることがあると言いました。こうして、それぞれの子どもたちの願いを交流し、どんなまちをめざしたいのかということが共有されました。この時点ですでに、あらかたのグループは浮かび上がっていました。「この子の願いを実現したい」という同級生たちによって、10ほどのグループが形成されていったのです。

　グループに分かれていよいよ何をするかを考えるというときに、情報提供（I = Input）が行われました。市会議員を学校に招いて、それぞれのグループにアドバイスをしてもらったのです。たとえば、道路のグループは、市役所のどこに行けば相談に乗ってもらえるのかを教えてもらいました。完全メニュー方式の給食のグループは、「役所というのは前例に弱いから、どこかですでにやっているところがないかを調べてみてはどうか」と勧め

てもらいました。24時間態勢の市民病院については、「費用がどれぐらいかかるかを試算して、それを組み込んで提案する必要がある。行政は、財政的裏付けが弱ければ動けない」という助言でした。

いろいろと教えてもらった子どもたちは、自分たちの課題を深めるためにさらに話し合い（D = Deepening）、自分たちなりの探求や行動の計画を立てていきました。

たとえば、道路のグループは、先生からさらに情報をもらい、校区に住んでおられる全盲の方に話を伺うことになりました。同じ志を持っているであろう人と連携をしながら進めるというプランです。その方と話す機会を持ち、「どこがどう問題かを確かめるため、さあ道路に出てみましょう」となって、スタスタと道を歩くその人の姿に、子どもたちは自分たちが「目の見えない人は弱い人、自分たちが守ってあげなくては」と勝手に思い込んでいたことに気づきました。このグループは、その方との話し合いやフィールドワークなどをとおして、市への提案をしだいにまとめていき、その方とともに市役所の担当課に赴きました。

給食のグループは、前例を探してインターネットに発信し、「私たちは総合学習のなかで完全メニュー方式の給食ができないかを探っています。どこかで完全メニュー方式をしているところはありませんか？」と尋ねました。すると間もなく、返答が返ってきました。ある自治体ですでに実施しているというのです。子どもたちは、そこの教育委員会に、まずは電話で問い合わせました。教育委員会に電話をするなど初めてのことですから、しっかりと原稿を書いて、誰がかけるか譲り合いのようにして決め、ドキドキしながらかけました。

他のグループも、インターネットで発信したり、知人に情報提供してもらったり、本を調べたりして、探求活動（A = Analysis）を進めます。

さて、いよいよまとめの日がやってきました。学校には、市長さんが来てくれました。会場となった体育館で、市長さんが聴いてくれるなか、子どもたちは自分たちが一生懸命調べた事柄をポスターセッションで発表しました。市長さんという、本当に当事者性や責任を持つ人（リアル・オーディエンス）に来てもらい、自分たちが考えたことをまとめて発表（S =

Synthesis）したのです。

　このような流れで組み立てることによって、この学習は子どもたちから出発して、社会に発信するという流れをつくりだすことができました。総合学習ではこのような例はつくりやすいともいえますし、逆にこのような流れのない総合学習では、子どもたちが学習を自分に引きつけて考えたり、社会に発信したりしにくくなってしまいます。仮に人権課題をテーマにするものでなかったとしても、この枠組みは大いに参考になることでしょう。

(2) 人権起業家教育とシティズンシップ教育

　この小学校は、校区に被差別部落があり、1970年代より被差別部落の子どもたちの教育保障や部落問題学習に力を入れて取り組んできました。それまでの総括を踏まえ、1990年頃、「自分が好き！友だちが好き！学校が好き！」という目標を立てて、個別化教育と総合学習を二本柱として活動を開始しました。その後、人間関係づくりと総合学習と地域連携を大きく位置づけるようになりました。さらに近年では、基礎的な人間関係づくりの総合学習を低学年で重視し、中学年では地域に出かけて地域の人から学ぶ地域総合学習、あるいは子どもが何かのパフォーマンスをして地域の人に見て育ててもらうパフォーマンス総合学習、高学年では育ててもらった地域の人への恩返しとして、地域や社会を変えようと働きかける人権起業家教育に力を入れています。人権起業家教育とは、人権という観点に立って市民団体を立ち上げ、経営していけるような力を育てようとする教育のことです。もちろん、小学校で育てられるのは、そのような力の土台でしょう。このような流れのもと、高学年の人権総合学習に向けて低学年段階から学習が構想されています。

　この学校では、自分たちの取り組んでいる総合学習を人権総合学習と呼んでいます。人権総合学習という呼称はいろいろなニュアンスで使われますが、この学校では、排除されやすい立場の子どもが中心にすわりやすい総合学習、学習プロセスで人権を大切にした総合学習、人権課題をテーマとする総合学習などを総称して、人権総合学習と呼んでいます。ですから、

人権総合学習といっても、つねに人権課題をテーマとしているわけではありません。

このような特徴を持つこの小学校の教育は、人権教育を核とするシティズンシップ教育と呼んでもよいでしょう。社会への働きかけや参加が重要な位置を占めているからです。特に、人権起業家教育という概念は、シティズンシップ教育で追求している内容を、より端的に示しているともいえます。

【コラム】学習者から出発して社会に発信するためのADIDAS

人権教育をシティズンシップ教育へと発展させる上で、ADIDASという枠組みが大いに役立ちます。ADIDASは、それぞれ次のような内容を指すことばのイニシャルを集めたものです。このような順序で学習を組み立てることにより、自分から出発して社会へと発信し、行動する流れが無理なく形作られていきます。

A ＝ Activity　　アクティビティ（学習活動）
D ＝ Discussion　振り返りの話し合い
I ＝ Input　　　インプット（必要な情報提供や出会いの設定）
D ＝ Deepening　深めるための討議
A ＝ Analysis　　学習者自身による分析活動
S ＝ Synthesis　行動へ移すための統合（作品づくりや社会への発信など）

本文で紹介した実践は、総合学習における活用の例です。総合学習をイメージしつつ、ポイントを整理しましょう。まず、学習者にとっておもしろく、学習テーマへと直結する問題意識を強められるような導入のアクティビティ（A）を行います。これは、いきなりのフィールドワークも有効な場合があります。疑似体験のような活動でもOKですし、遊びの要素を強く持った学習でも可能です。本文の例ではオークションでした。活動のなかで感じたり考えたりしたことを、その次

第3章　人権教育を核とするシティズンシップ教育

のディスカッション（D）で出し合います。本文の例にあるとおり、お互いが活動中にした言動について尋ねあうこともあります。疑似体験のようなアクティビティでは、アクティビティで発生したできごとと実際の生活で起こるできごととがどう結びついているかを考えてもらうことがポイントのひとつとなります。話し合いをとおして、学習者は何らかの結論を得たり、共通の疑問を抱くようになったり、混乱や混沌状態に陥ったりします。これに応えるのがインプット（I）です。ぴったりの人と出会う、統計的な調査の結果を紹介する、生い立ち作文を読むなど、インプットにはいろいろな方法があります。それによって、モヤモヤが晴れたり、確信を深めたり、思い込みが打ち砕かれたり、新しい疑問がわいてきたりすることになります。次に求められるのはディープニング（D）、つまり深めるための話し合いです。話し合いをとおして学習者は、新しい疑問を抱くようになり、向かうべき目標が明らかになり、どのようなことを、いかに調べればよいかが明確になります。話し合いを受けて、社会や自分たち自身を分析するアナリシス（A）へと入っていきます。最後は、調べて発見したことや策定した行動計画、作った芸術作品などを発信するシンセシス（S）となります。

　はじめのADのDと、IDのDとの違いは、端的にいえば、ADのDが受け身の話し合いであるのに対して、IDのDはテーマがすでに主体的なものとなった後での話し合いだということです。もしも、最初のADIまででテーマが学習者にとって自分のものとなっていないなら、もう一度ADを設定し直して、導入からやり直すということがあってもよいでしょう。

第4節 同和教育の観点から見たシティズンシップ教育への提案

　シティズンシップ教育を構想する上で、日本における同和教育や人権教育の原則や方法論が参考になります。ここまでは、国際的なシティズンシップ教育の議論を参考に日本の人権教育を発展させるという面で述べてきましたが、この逆もあり得るということです。
　同和教育のなかで培われてきた教育の原則がさまざまにあります。先に紹介した小学校での人権総合学習も、同和教育のなかで培われた原則を土台に組み立てられています。そのなかから、ここでは特に次の5つを挙げましょう。シティズンシップ教育発展の手がかりになれば幸いです。

(1) 差別の現実から深く学ぶ

　同和教育では、1965年から一貫して「差別の現実から深く学ぶ」という原則を掲げてきました。戦後間もない頃、被差別部落の子どもたちは、家庭の手伝いなどのため、学校に来られないことが少なくありませんでした。「学校に来られない」ということ自体が、差別の現実だったのです。1960年頃になって、子どもたちが学校に来られるようになった頃、重要になったのは、「教科書を買えない」ということでした。これ自体を「差別の現実」ととらえた教員たちは、地域の人たちと協力して、義務教育の教科書を無償にする運動を展開しました。ようやく1963年になって、義務教育教科書無償法が成立しました。
　このような実践例からもわかるように、社会的問題は、理念や理想論だけで語っていても解決にはつながりません。「差別してはいけません」といった観念的な目標を唱えるだけでは、それはむしろ学習者を縛るだけのものとなってしまいます。学習者は、そのようなメッセージをいくら受け取っても、それで自分が解放されたとは思えません。結局そのような目標は建前に止まり、それは横において自分の暮らしをつくってしまいやすい

のです。

　具体的な問題状況を踏まえて教材化する必要があります。差別のなかを生きてきた一人ひとりの人がどのような経験をし、何を感じながら過ごし、何を求めて暮らしてきたのか。そのようなことがわかりやすく提示されてはじめて、学習者は共感しやすくなるのです。問題をていねいに探れば、そのなかに解決の道筋やヒントが浮かび上がってくるものです。

　また、自分にとってその問題がどのような意味を持っているか、自分の社会的立場はどこにあるか、といった点を、教員をはじめ私たち一人ひとりが追求することが求められます。そのためにも、差別のなかを生き抜いてきた人たちから生き方を学ぶ必要があります。直接に出会い、生い立ちを聞くなかで、教員自身も自分の生い立ちを振り返り、差別社会が自分をも縛ってきたことを実感として受け止められるようになるのです。

　「差別の現実から深く学ぶ」とは、このように、さまざまな意味合いを含んでいます。

(2) 自己との関わりについて認識を深める

　同和教育にあっては、「他人事意識に止まってはいけない」といわれてきました。「差別を受けている人たちのために学び、活動する」というだけでは、他者のためにすることに止まります。しかし、「差別をなくすことによって自分も楽になる。幸せになる」と思えれば、それは自分事です。何らかの意味で自分にとって意味があると思えるように学習を組み立てることが不可欠です。すでに述べた「差別の現実から深く学ぶ」という原則に含まれているともいえますが、社会的な課題を学ぶときには、それが自分にとっていかなる意味を持つのかを抜きにすることはできません。自分との関わりを抜きにした知識は、頭の上を素通りし、結局身につかず、はがれ落ちていってしまうものです。

　自分の暮らしや生い立ちに引きつけつつ、学習を深めることが求められるでしょう。被差別者には、日本社会の矛盾が集中的に表れやすいものです。だから、差別されてきた人たちの思いを学べば、それは自分の悩みと

重なるかもしれません。自分の責任、あるいは自分の親の責任だと思い込んでいたことが、実は社会的な原因によるものだと気づくことができるかもしれません。差別と闘ってきた人たちの行動や思いに学ぶことによって、それが加速されます。

　自己との関わりは、自己の被害性と加害性を統一的にとらえることでもあります。私たちと社会的課題との関わりは、その問題による被害を被る側としてという側面もあれば、その問題を余計にこじらせ、加害的立場にある者として行動してしまっているという側面もあります。この両面から自分を振り返る必要があります。ある社会的課題については被害的立場が強くても、別な社会的課題については加害的立場が強いという場合もあります。その両面から、自分のアイデンティティを形成していくことが求められます。

　社会的課題を学ぶプロセスで自分を縛っている何かが見えてきたとき、その社会的課題は自分自身にとって意味のある課題となります。知らず知らずのうちに自分を制約していた問題状況を変えていくための筋道のひとつとして、学んでいた社会的課題に取り組むことが浮かび上がってきます。その社会的課題が「取り組まなければならない課題」ではなく、「取り組みたい課題」へと変化するのです。

(3) 排除されやすい不利な立場にある子どもを中心に据える

　被差別部落の子どもたちは、戦後間もない頃は「学校に来ない、さぼり」と見られることがありました。1960年代になり、学校に来るようになっても、「宿題をしてこない」「乱暴なことをする」などと言われて排除されることがありました。しかし、宿題をしないのは、教科書や文房具がなく、家では机もなく、家の手伝いをしなければならなかったからだという背景がありました。乱暴なことをする裏には、周りの子どもたちの差別的言動があったりしました。そのことに気づいたとき、周りの子どもたちは自分を振り返ります。部落の子どもたちの生活や思いを軸に据えながら教育実践を進めることが、すべての子どもの成長につながっていたのです。

社会的な問題状況は子どもたちにさまざまな影響を及ぼします。特に複合的に不利益を被る子どもは、内面的にも日常の対人関係という面でも、課題を抱えている場合があるといえます。その子どもたちに焦点を合わせることによって、すべての子どもが直面している問題状況が浮き彫りになり、子どもたちの成長の道筋が見えやすくなる場合があるのです。

よく「子どもを変える」などといいますが、正確にいえば、「子どもが直面している課題を変える」、つまり「子どもが直面している課題の解決を手伝う」ということになります。直面している課題を自分の力で解決していければ、その子はおのずと成長していきます。

クラスメイトの抱える課題の解決にみんなが乗り出す。同級生のひとりがその人にとって重要な山を乗り越えることが自分にとっても喜びになる。排除されやすい子どもの直面している課題を中心に据えることによって、みんなが元気になれる場合があります。

もちろん、無理矢理に考えるようみんなに押しつけても、肯定的な結果が現れるとは考えられません。どのような課題をどのような筋道で学級に提案していくかは、教員の問題意識や発想に大きく左右される重要な問題だといえます。

(4) 教育と運動を結びつける

同和教育にあっては、教育と運動を結びつける必要性は明瞭でした。教科書を持ってこられない状況を変えていくためには、教科書無償化を求める運動が不可欠でした。親が十分学校に通えていないために子どもに文字などを教えられないという状況を変えるためには、学校への教員の加配が求められました。

教育課題と社会的課題はつながりを持っていますから、教育活動を社会的な活動と結びつけることが、ときには必要となります。教育は社会的な真空のなかで行われるわけではありません。さまざまな社会的問題状況や力関係の狭間で展開されているのです。取り上げる課題自体も、社会的な問題状況や力関係の狭間で起こっています。そして、ときには学級の子ど

もが社会の荒波にもまれて課題を抱え、それに学級をあげて取り組むということも発生します。そのような場合には、教育活動から生まれた事柄を社会に発信することも大切になります。自分たちの周りで起こった差別を訴えるために、最寄り駅でストリートミュージシャンとして歌い続けた中学生たちがいます。障がいのある同級生が安心して学校に通えるように、高校の近所にバス停を設けるようバス会社に求め、それを実現した高校生たちがいます。自分たちの住む自治体が外国人を公務員として採用していないことを知り、全国的にはどうなっているのかを調べて、市長に問題提起し、公務員採用にあたっての国籍条項を取り下げさせた高校生もいます。

自分たちが動くというだけではありません。社会を変えようとして取り組まれている市民活動と結ぶことによって、問題状況がわかりやすくなり、解決の方向性が見えやすくなるということも少なくありません。シティズンシップ教育は社会的問題の解決をめざし、社会参加をすすめる教育なのですから、すでに社会参加し、社会に働きかけている人から学ぶスタイルは、重要な位置を占めるはずです。

(5) 現実認識を土台に、科学的・芸術的認識を育む

同和教育では、子どもたちの生活をありのままにとらえ、それを土台に社会のしくみについて学んでいくというスタイルが大切にされてきました。親を否定していた部落の子どもたちが、生活を見すえ、親の願いをとらえ、それと結びつけながら社会的差別のしくみを学ぶことによって、親への見方を変えてきました。

生活をくぐらせることによって、社会の構造や人々の心理がわかりやすくなります。社会のしくみを学ぶときに、自分の生活と結びつけて考えなければ、社会と自分の関わりもわかりにくいままです。人間は、努力すれば何でもできるというわけではありません。小さい頃からの生活状況に規定されつつ成長し、やりたくてもやれないことが出てきます。親がいくら子どもの成長を願っても、子どものために十分なことをしてやれないことがあります。親の沽券から子どもに対して厳しくしてしまうこともありま

す。そんなとき、子どものためを思って働いているはずの親が、子どもから見ると自分の願いを封じ込める存在と映ってしまうのです。親の暮らしや仕事を見つめて、親の願いを受け止める学習を進めれば、親も社会のしくみのなかでせいいっぱい生きており、社会のしくみが親に厳しい生活を強いているのだとわかってきます。親に対する見方も変わってきます。

　日本には、生活つづりかたをはじめ、リアリズムに根ざした教育方法論や教育運動があります。それらの方法論を活用すれば、社会を理屈だけで学ぶのではなく、自分の暮らしの一コマ一コマについての、しっかりした認識を育むことと結びつけて学ぶことができるようになります。そのような方法論を活かすことによって、現実認識を豊かに育てることにより、自分に密着した科学的・芸術的認識が育つのです。

　生活認識を土台に据えて、子どもたちの多様な力を伸ばしてやりたいものです。ハワード・ガードナー（Howard Gardner）の提唱した多重知能論（Multiple Intelligences）においては、人間の知性が、次のような7つ以上の領域に分かれることが述べられています。すなわち、身体・運動的知性、音楽・リズム的知性、空間的知性、対人的知性、内省的知性、数学的・論理学的知能、言語的知性です。このように広がりを持つものとして知性をとらえ、一人ひとりの知的プロフィールを意識しながら、現実を出発点にこれらの力を伸ばすことは、教育の基本だといえるでしょう。

第5節 人権教育とシティズンシップ教育が手を携えて

　上に紹介したような原則は、同和教育が行われているすべての学校で大切にされてきたわけではありません。もしもすべての学校で行われていたなら、はじめに紹介したような大阪教育大学生の回答や、全国の学校からの回答はなかったはずです。提唱されてきた大切な原則は、残念ながら、なかなか普及しなかったのです。多くの場合、同和教育が「差別をしてはいけません」と教える教育に止まっていました。人権教育が「気持ちだけの教育」に終わっていたのです。

シティズンシップ教育という観点でとらえ直しても、同和教育が培ってきたこのような原則は、きわめて重要な意味を持つといえるでしょう。日本においてシティズンシップ教育が上滑りにならず、子どもたちにとって意味のある教育となるためには、抜きにできない視点といえるかもしれません。同和教育が培ってきた原則を参考に、日本に必要なシティズンシップ教育を構想すれば、そのような弱点を克服できるはずです。また、シティズンシップ教育それ自体も、日本に根ざしたものとして発展しやすいはずです。

　もちろん、これらの原則は、今日的な状況に応じて発展させる必要性があります。差別問題を軸にした実践で培われてきた原則ですから、他の問題との関わりで教育実践が組まれるときには、異なる側面が重要になることでしょう。また、情報化、グローバル化など、社会はどんどん変化していますから、それに応じて発展させられるべき要素もあります。

　シティズンシップ教育が、さまざまな課題について実りある学習を創造するなら、これまでの教育実践や教育運動から吸収すべきものがあるはずだと考えられます。先の5つの原則は、同和教育・人権教育という観点からシティズンシップ教育に向けて発信する問題提起です。

【さらに学びたい人のための読書案内】

オスラー、A.・スターキー、H.／清田夏代・関芽（訳）(2009)『シティズンシップと教育 —— 変容する世界と市民性』勁草書房

池田寛（2005）『人権教育の未来 —— 教育コミュニティの形成と学校改革』部落解放・人権研究所

ユネスコ（編）／阿部治・野田研一・鳥飼玖美子（監訳）(2005)『持続可能な未来のための学習』立教大学出版会、有斐閣発売

大阪府人権・同和教育研究協議会（編集・発行）(2001)『わたし出会い発見 Part 4　人権総合学習 Q&A』

中野陸夫・池田寛・中尾健次・森実（2000）『同和教育への招待 —— 人権教育をひらく』解放出版社

森実（2000）『人権教育一問一答』解放出版社

森実（編著）（2002）『同和教育実践がひらく人権教育』解放出版社
森実・大阪多様性教育ネットワーク（編著）（2005）『多様性教育入門』解放出版社

第4章 民主主義を支えるしくみとしての〈メディア〉とその理解

森田 英嗣

　本章ではまず、〈メディア〉を「送り手からの〈情報〉を媒介するモノである」と定義し、私たちが日々〈メディア〉から受ける、意識的、無意識的な影響について考察します。その上で、シティズンシップの開発にとって〈メディア〉やそれに媒介される〈情報〉と関わる力が育成される必要を次の3つの側面、すなわち、〈メディア〉を介した社会認識の特質を知る必要、社会づくりの道具として〈メディア〉を活用する能力を保持する必要、さらに民主的な〈情報〉空間を確保する必要に関する認識の必要、から確認したいと思います。

　これら3つの必要に対応する教育は、それぞれメディアリテラシー教育、情報リテラシー教育、社会科教育としてこれまでもなされてきましたが、それらを互いに関連づけ新たに紡ぎ直すことで、この分野のシティズンシップ教育を現状の教育課程に組み込むことが可能であることを示したいと思います。最後に、「総合的な学習の時間」等で、〈情報〉や〈メディア〉をテーマとしたシティズンシップ教育を特別につくるとしたらどのようなかたちになり得るかを、1つの特徴的な実践を取り上げて考察し、今後の実践づくりのポイントを示します。

第1節 私たちにとって〈メディア〉とは何か？

(1)〈メディア〉とは

　本章では〈メディア〉を「送り手からの〈情報〉を媒介するモノである」と定義し、以下ではその意味でこの用語を用いていきたいと思います。
　また、ここでの「送り手」には、その〈情報〉の作り手も含めたいと思います。たとえば、この本であれば、私たち著者や出版社が「送り手」、読者の皆さんは「受け手」ということになります。このとき、この本を手にした読者の皆さんの目の前に、著者である私たちはいません。それにもかかわらず、私たちがこの本に含めた〈情報〉が読者の皆さんに伝わったとすると、この本は〈情報〉を媒介した〈メディア〉であるということになります。

(2)〈メディア〉と私たちの社会生活

　巷には、こうした〈メディア〉が溢れています。たとえば、街角のポスターや掲示板、チラシなどは、いずれも〈情報〉の作り手や送り手が目の前にいなくても、それが受け手に媒介され、運ばれていく機能を持った〈メディア〉です。また、家庭のなかにある、新聞、雑誌、本、テレビ、ビデオ、ラジオ等のマスメディア、そしてパーソナルコンピュータやケータイ、そしてそれに付随する電子メール、ホームページやゲームはもちろんのこと、「今晩遅くなるから先にご飯を食べておきなさい」という親が子どもに残した個人的なメモまでもが、〈情報〉を媒介している立派な〈メディア〉です。同じように、教室のなかの黒板、掲示物、教科書、ノートもすべて〈メディア〉だといえるでしょう。このように私たちは、〈メディア〉を介して送られてくる〈情報〉に取り囲まれながら社会生活を営んでいます。
　〈メディア〉は以上のように多種ありますが、以下では市民性と関わり

の深いマスメディアに注目して考察をすすめたいと思います。

(3)〈メディア〉の影響

　このような〈メディア〉は、私たちに大きな影響を与え得ます。たとえばエジプト考古学者の吉村作治氏が小学校４年生のとき、ツタンカーメン王墓の発掘を行ったハワード・カーター氏による『ツタンカーメン王のひみつ』を読み、その後の人生に影響を与えられたという話があります。カーター氏は1939年に没しているので、1943年生まれの吉村氏とは直接会うことは不可能です。それにもかかわらず、２人の人生は、一冊の本によって、強く結びつけられました。カーター氏の発した〈情報〉が吉村氏に時間と空間、文化の違いさえも超えて届き、吉村氏の人生観、世界観、価値観の形成に影響を与えたのです。

　このような劇的な例でなくても、〈メディア〉に囲まれて暮らしている私たちはその時々で、〈メディア〉に媒介されるメッセージに影響されながら生きていると考えられます。ある商品がとてつもなく魅力的に見え、手に入れたくなったり、あるテレビドラマによって人生の進路を選択したり、私たちの記憶には多少とも〈メディア〉から受けた影響が、刻まれているはずです。

　しかしながら、〈メディア〉による影響は、このようにして私たちの記憶のなかで手繰れることばかりではありません。たとえば、私は残念ながら中国語が話せるわけではなく、中国人の友だちもいません。それにもかかわらず、いつの間にか中国人についてのある種の知識やイメージを持っています。直接のコミュニケーションがあったわけでもない人たちの知識やイメージを、私はどのようにして持ったのでしょうか。私にはその理由を探るに、依拠できる確かな記憶がありません。

　あるいはまた、結局は無実であったということが明らかになった人でも、逮捕等が報道されて犯人であるとの疑いがもたれていたときには、本当に疑わしく思えるものです[1]。私はその事件の起きた現場に行ったこともなければ、疑われたその人に会ったこともありません。それにもかかわら

ず、なぜそのような感覚をもつに至るのでしょうか。しかも、そうしたときの状況については、十分な記憶は持っていない場合がほとんどです。

　このように、対象との十分な直接の接触がないままに、人や国、地域、事件を、特定のイメージと関係づけて判断してしまうこと、言い換えればそれらについてのステレオタイプを持ってしまい、理解したように感じることが、私たちにはよくあります。これらのイメージはいったいどこから来たのでしょうか。直接の接触がないのは確かなのですから、〈メディア〉からもたらされたと考えるのが自然だということになります。

　つまり、このように根拠のはっきり思い出せないようなかたちで私たちに特定のイメージや印象を持たせるのもまた、〈メディア〉なのです。自らの人生を清く正しく生きようとする私たちからすると、それとの関わり方には少なからずの危険性があることも意識しておかなければならないでしょう。

第2節　シティズンシップ教育で〈メディア〉がテーマになる理由

(1) 市民が持つべき力

　市民は、自らの社会認識に基づいて、投票行動を行い、社会づくりを行おうとします。市民が主権者となり、社会の意思決定を行っていくという民主主義の前提にあるのは、市民とは合理的に社会を認識できる人たちであるという信頼感でしょう。つまり、デマや噂を信じたりしないのはもちろんのこと、他者の考えを無批判に受容するだけの存在ではなく、自らの立場からの視座を持ち、そこから社会のあり方を考えていく能力を保持することが市民への信頼の前提です。

　しかし、前節の考察からすれば、そうした市民になるには、少なくとも3つの力が必要であるように思われます。ひとつは、〈メディア〉、とりわけマスメディアの価値を理解した上で、それを介した社会認識が陥りがちな失敗について知ることが必要です。これは従来、メディアリテラシー教

第4章　民主主義を支えるしくみとしての〈メディア〉とその理解

育が扱ってきた課題に重なります。2つには、マスメディアから与えられる〈情報〉のみに依拠するのでなく、自らが〈情報〉を収集し、課題に合わせて組織していく"研究力"を、市民は持つ必要があります。これは従来、情報リテラシー教育の分野で議論されてきています。3つには、そうした2つのリテラシーが健全に展開できる、民主的な〈情報〉空間のあり方についての理解です。これは従来、社会科教育で扱われてきました。

　要するに、〈メディア〉を対象にしたシティズンシップ教育では、これらの領域の横断的な教育課程が編まれる必要があるだろうと思われます。以下では各々について、幾分詳しく見ていくことにします。

(2) メディアリテラシーの必要

① マスメディアを介した〈情報〉のやりとりの特質

　ひとつの歴史的な"事件"を考えてみましょう。時は1960年9月26日、米国では共和党の大統領候補のリチャード M. ニクソンと、民主党の大統領候補のジョン F. ケネディが大統領選挙の本選にて、史上初めてのテレビ討論を行いました。そしてこれに引き続く3回のテレビ討論の結果、直前までリードを保っていたニクソンが、ケネディにリードを奪われるかたちになりました。その他の要因もあったようですが、その主因は2人のテレビに対する考え方の差にあったのではないかと考えられています。すなわち、ケネディは日焼けしたような若々しい顔を強調し、テレビ映りを重視したイメージキャンペーンを展開したのに対し、ニクソンはテレビよりも遊説に重点をおき、直前の怪我を引きずったやつれ顔で、ひげもそらず、メーキャップもせずに、討論に臨んだこともあったといわれています。また画面には、ケネディの発言時に、ニクソンがハンカチで汗を拭うシーンや視線を落ち着きなくあちこちに走らせるシーンがはっきりととらえられていました。ラジオ番組をとおして音声のみでこの討論を聞いていた人々は「ニクソンが勝った」と考える人も多かったのですが、結果的には、計4回の討論で平均6千万人ともいわれるテレビ視聴者に与えた印象が、ケネディに勝利を与えたと考えられています。そしてこれ以降、政治的なキャ

ンペーンは"何を言うか"ということと同時に、あるいはそれ以上に、"どう言うか"が重要視されるようになっていきました[2]。

　実際、涼しげな顔で自信ありげに話す人の主張は、相手に対して相当な根拠があっての主張だというメッセージを与えるのは想像に難くないでしょう。反対に、"無精ひげ"の人は、政治のことも"無精"にしか考えていないように見えるかもしれません。このエピソードは、人が実際に言ったことだけでなく、どのように言ったかも相手に伝わることを如実に示しています。内容だけが〈情報〉の本体なのでなく、その内容がどう表現されたかも伝達される〈情報〉の重要な一部であることが、はからずも実証されたのです。つまり、"言外"の〈情報〉も、思いの外、"ものを言う"というのです。

　目の前に送り手がいれば、どういう意味なのかを質問し、確認することも可能です。しかし、目の前にその人がいないという点で、〈メディア〉を介した〈情報〉のやりとりは多少とも複雑なプロセスになるのです。

　以上から明らかなことは、送り手側が意図したようには、受け手には伝わらないことがあるということです。つまり送り手の送ろうと意図した〈情報〉と、受け手の解釈した〈情報〉は1対1の対応関係になく、うまくいったかどうか、送り手の側からはすぐには確かめることができないのです。

② 送り手と受け手の"格闘"

　〈メディア〉を介した〈情報〉のやりとりを、以上のようなものとして把握してみたとき、送り手として、あるいは受け手としての私たちは、それをどのように活用してコミュニケーションをすることになるでしょうか。

　送り手の立場に立ってみたとき、〈メディア〉は一度にたくさんの人に〈情報〉を送ることができる点では優れた道具であり得ますが、同時に少なからずやっかいなモノだということになるでしょう。なぜなら送り手は自らの持つメッセージを確実に相手に届けたいと思っているのですが、受け手にも特有の期待があるために（たとえば大統領選挙のテレビ討論で聴衆は論理的に正しいことを言う人というよりも、力強く自信に満ちたリーダーを見たかったのかもしれません）、メッセージがそのまま届かないかもしれないからです。

第4章 民主主義を支えるしくみとしての〈メディア〉とその理解

　そこで、多くの送り手は、1対1対応のかたちで伝達ができないことを前提として〈情報〉を創出しています。つまり、ズレた解釈をされてしまう可能性が想定されるわけですから、あらかじめそれを織り込んで〈情報〉を発しようとするわけです。すなわち、正確を期するには必要であっても誤解を招きそうな〈情報〉（たとえば"無精ひげ"）があればそれを隠したり、あるいは特定の側面（たとえば"涼しげな顔"）を強調し目立たせたりして、ズレが起こることを最小限にとどめるように〈情報〉を構成するのです。たとえば、ある物を買ってもらいたいと思うとき、「それを買ったら得だ」という〈情報〉を伝えるのが鉄則だといわれます。このとき、得でない場合の〈情報〉を気づかれないように隠し、得になる場合だけを強調するといった手法が用いられることになるでしょう。

　このように、受け手が送り手の期待する解釈を構成できるように、送り手が強弱をつけて演出することは特別なことではありません。そこで時にはそれを重んじるあまり、事実をねじ曲げてしまうことがあることは、数々の"ねつ造"事例（しかしねつ造と演出は紙一重です！）を思い出せば想像できることでしょう[3]。

　さて、送り手がそういうことをしているとすれば、受け手の側も送り手がそのようにして〈情報〉を構成しているということを前提にして受け取ることが必要になります。すなわち、送り手は、ある〈情報〉を確実に伝えたいという動機を持った人であり、そのために、意識的であれ無意識的であれ、"演出"をする人たちなのです。ですから、それをそのまま無批判に受け取ることは、たとえ特定の事実のみを強調するような偏りのある〈情報〉であっても、それを現実だと認めてしまうことを意味します。上の例でいえば、たとえ事実と違っていたとしても、ある商品を購入することが得だと認めることになるのです。

　そのため、こうした可能性があることを前提にして、受け手はその〈情報〉を読み解かなければなりません。ここで「読み解く」という用語を用いましたが、これは「読み取る」のとは異なる読みが必要になるためです。そこではまさしくパズルを解くように、批判的な思考を働かせ、送り手の真意や実際はどうなのかを探っていくというやっかいな作業が必要になる

のです。

　このように、〈メディア〉を使って〈情報〉のやりとりを行うということは、物体が一方から他方に移動するような直接的で単純なプロセスなのではありません。それは本来的に、好むと好まざるとにかかわらず、何としても（多少の演出をしてまでも）〈情報〉を送りつけたいという送り手側の思惑と、本当はどうなのかを読み解こうとする受け手側の読みがぶつかりあう、"格闘"のプロセスだと考えられるのです。

　そういったやっかいなモノであるにもかかわらず、市民は〈メディア〉と関わることをやめることはできません。なぜなら、いくら面倒だからとはいえ、それとかかわらずに社会を認識することはできないからです。〈メディア〉に媒介される〈情報〉を、嘘ばっかりで信じるに足りないのだと考え否定することは簡単ですが、それでは社会に参加したり変革したりすること自体が不可能になってしまいます。市民には、そうした装置としての〈メディア〉の重要性を知り、その上で自らの社会づくりを達成するためにそれとの関わり方を知り、それを活用していく能力が求められるのです。

③　メディアリテラシーの射程

　こうしたプロセスについて理解を引き出す教育実践は、「メディアリテラシー教育」の領域で検討されてきました[4]。図4-1にメディアリテラシー研究プロジェクトによる「メディア研究モデル」を示します[5]。「メディア研究モデル」では、メディアリテラシーを獲得するために市民が研究し、学ぶべき内容が三角形の各辺に相互の関連と共に示されています。以下に簡単に見ておきます。

　ここで三角形の左の辺の「テクスト」とは、「メディア作品」を意味し、個々の記事や広告そのものだけでなく、それらの配置のされ方、紙面割など、あらゆる表現が含まれます。〈テクスト〉の研究では、そこにどのようなことばや表現手法が選ばれ、活用されているか、そしてそれによってどのような意味が込められた作品になっているかをクリティカルに分析し〈読み解く〉ことが中心的な課題になります。

第4章　民主主義を支えるしくみとしての〈メディア〉とその理解

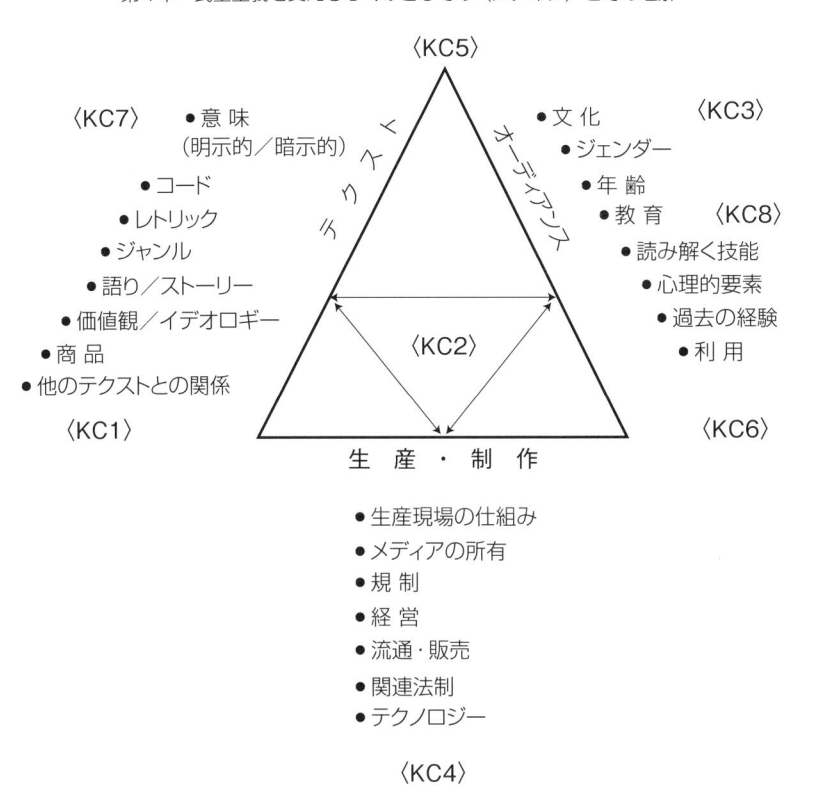

〈KC5〉

〈KC7〉
● 意　味
　（明示的／暗示的）
● コード
● レトリック
● ジャンル
● 語り／ストーリー
● 価値観／イデオロギー
● 商　品
● 他のテクストとの関係

テクスト

オーディアンス

〈KC3〉
● 文　化
● ジェンダー
● 年　齢
● 教　育

〈KC8〉
● 読み解く技能
● 心理的要素
● 過去の経験
● 利　用

〈KC1〉

〈KC2〉

〈KC6〉

生　産・制　作

● 生産現場の仕組み
● メディアの所有
● 規　制
● 経　営
● 流通・販売
● 関連法制
● テクノロジー

〈KC4〉

■基本概念（Key Concepts）
〈KC1〉メディアはすべて構成されている。
〈KC2〉メディアは「現実」を構成する。
〈KC3〉オーディアンスがメディアを解釈し、意味をつくりだす。
〈KC4〉メディアは商業的意味をもつ。
〈KC5〉メディアはものの考え方（イデオロギー）や価値観を伝えている。
〈KC6〉メディアは社会的・政治的意味をもつ。
〈KC7〉メディアは独自の様式、芸術性、技法、きまり／約束事をもつ。
〈KC8〉クリティカルにメディアを読むことは、創造性を高め、多様な形態でコミュニケーションをつくりだすことへとつながる。

図4-1　メディア研究モデル／8つの基本概念
（鈴木みどり（編著）(2000)『Study Guide メディア・リテラシー　ジェンダー編』リベルタ出版）

先の大統領選挙のテレビ討論の例でいえば、〈テクスト〉は、放映された映像そのものです。そこではケネディとニクソン両候補のそれぞれの戦略に基づく必死の討論が番組制作者の目線で映し出されています。この〈テクスト〉（映像）はインターネットでも確かめることができるので、読者の皆さんにもぜひ確認していただきたいと思います。198ページの注［2］に紹介したMBCのサイトのほかにも、"Kennedy"、"Nixon"、"Debate"を用いて動画を検索してみてください。
　実際のテクスト（映像）で、ニクソン候補はどのような人に見えるでしょうか（とりわけ、ケネディの話を聴いているときの様子はどうでしょうか）。音声を聞かずに表情だけを追ってみると、さらに両者のコントラストが明確になるでしょう。逆に映像を見ずに音声だけを聞いてみると、また印象は異なるでしょう。
　次に右の辺の「オーディアンス」とは、それを視聴した私たち自身です。そこでは、たとえばある同じ〈テクスト〉がすべての人に同じように魅力的に感じられるわけではないことが考察され、その上で〈オーディアンス〉のおかれたさまざまな政治的、経済的、社会的、心理的立場や、経験によって、〈テクスト〉の意味づけが異なることなどが探求されていきます。
　先の大統領選のテレビ討論の例でいえば、カメラをとおしてみた両候補の印象が音声だけのラジオのときとなぜ異なるように感じるのか、ケネディの表情のどこに頼もしさを感じるか、そうした感じ方は他の人とどう違うか、それはなぜか、などを分析してみることになります。
　最後に三角形の底辺の「生産・制作」とは、そのような〈テクスト〉を制作し流通させる人たちの研究です。ここでは〈テクスト〉が、誰によって、どのような政治的、経済的、社会的、技術的、心理的条件の下で制作されたかが中心的な問いになります。
　先の大統領選のテレビ討論の例でいえば、それを撮影し放映したテレビ局の側の人たちを研究対象にすることになります。たとえば、このときのスポンサーはABC、CBS、NBCの三大ネットワークでしたが、なぜテレビ局自身がスポンサーになったのかを、そうでない場合と比較するなどの研究の切り口が考えられます。

第4章　民主主義を支えるしくみとしての〈メディア〉とその理解

　このようにして、メディアリテラシー教育では、〈テクスト〉〈オーディアンス〉〈生産・制作〉の各面から、〈メディア〉によって媒介された〈情報〉の「読み解き」が課題になります。社会を民主的に運営する人たち、すなわち市民には、まずはこうした課題を解く力が求められるのです。

(3) 情報リテラシーの必要

① 〈情報〉を活用した問題解決

　市民は、既成の社会を受容し、あらかじめ定められているルールに基づいて行動する道徳的な人々というだけでなく、必要があればルールそれ自体を作りかえ、社会のあり方を変革する人たちです。このような態度と能力を持つ人は与えられた〈情報〉だけに基づいて世界を理解するのではなく、必要な〈情報〉を自ら収集し、組織化し、検討し、その結果を意見や主張として述べて、仲間と供に自律的な問題解決（社会づくり）のサイクルを回す運動を起こそうとするでしょう。

　こうした能力は、自らの問題意識に基づいて情報を収集し、組織化する能力である「情報リテラシー」として提示されてきたものに符合します。

② 情報リテラシーの射程

　「情報リテラシー」はこれまで、図書館教育やICT教育等の文脈で議論されてきた概念です。その基本は情報を用いた問題解決の力です[6]。

　表4-1にアイゼンバーク（M. B. Eisenberg）らの提唱する6大スキル（Big Six Skills）を示しました[7]。これは、情報を活用しながら問題を解決していくために必要になる6つのスキルを、段階ごとにモデル化したものです。このモデルは、もともと学校で学校図書館を活用した情報リテラシーを育て、活用するためのモデルとして提案されたのですが、それは同時に市民としての"研究力"を示すスキル群とも考えられます。そこで以下では、それらの6段階を順に見ていきましょう。

　第一の段階は、課題の定義（task definition）です。ここでは、自分がこれからしようとしていること、最終的につくろうとしているプロダクトが何

表4-1　アイゼンバーグの6大スキル

1．課題定義（task definition）
(1) 問題の定義づけ
　　解決すべき問題が何であるかを明確にする
(2) 情報要求の明確化
　　どんな情報が必要であるかを明確にする

2．情報探索戦略（information seeking strategies）
(1) 情報源の範囲の決定
　　利用可能なすべての情報源を把握する
(2) 情報源の優先順位づけ
　　把握した情報源の優先順位を明確にする

3．情報収集（location & access）
(1) 情報源の所在の確認
　　必要な情報源を同定する
(2) 情報の発見
　　適切な情報源から情報を見つけだす

4．情報利用（use of information）
(1) 関連づけ
　　該当する情報の意味を理解する
(2) 情報の選別
　　情報か課題に適合しているか判断する

5．統合（synthesis）
(1) 組織化
　　集めた情報をまとめる
(2) 提示
　　適切な表現方法を決定する

6．評価（evaluation）
(1) 成果の判定
　　課題が解決されたかどうかを判断する
(2) 過程の判定
　　課題の解決過程で生じた問題点を明確にする

（平久江祐司（1997）「学校図書館利用教育における情報活用能力の育成」『図書館学会年報』43巻、4号、p.179より一部改変）

か明確にしながら、どんな〈情報〉がどの程度必要なのかを、考察します。

　たとえば、「ゆとり教育世代」の子どもを持つ親たちが「ゆとり教育批判」がなぜ行われるのか、これから教育はどうしていけばよいか検討する場合を考えてみましょう。このとき、より具体的に、(1)「ゆとり教育」はどのような問題を解決するために導入されたのかをはっきりさせ、「ゆとり教育」の前後で学校教育がどのように変わったのか、その効果は誰がどのように判断し、現在の「ゆとり教育批判」になっているのかをわかりやすい一覧表に整理すること、(2) それをもとにして自らの子どもたちが「ゆとり教育世代」であることをこれからの子育てや人生にどのように活かしていけばいいかを検討し、(3) 好きでそうなったわけでない「ゆとり教育世代」の子どもを持つ親のひとりとして、これからの学校教育の改善についての意見を新聞や雑誌への投稿というかたちで表明したいなどと考えていくのが、この段階です。

　次に第二の、情報探索の戦略（information seeking strategies）を練る段階となります。ここでは、事典、辞書、統計資料などの参考図書、書誌、目録、索引などの書誌情報、雑誌、図書、ビデオ、実物などの一次資料などのうち、どれを用いることが可能か、どれを用いるべきか、どの順で用いるべきかを、自分の課題との関係で考察します。場合によっては図書館資料にあたるより人に聞いた方が効率的であったり、インターネットを活用した方がよかったりしますが、そうした判断も、課題や資料の性質との関係で考察されます。

　「ゆとり教育批判」をテーマとした親の例でいえば、「ゆとり教育」がどのような議論のなかで主張されだしたのかを、当時の政府の各種審議会での議論や総合雑誌や新聞、あるいはその後出版された本を辿ることで得られそうだと見通してみたり、雑誌目録や新聞記事データベースを活用し、「ゆとり教育批判」を行っている人の書いた文献のリストを作成してみたりすることになるでしょう。

　第三の段階は、情報の収集（location and access）を実際に行う段階で、情報源の在処を自ら探したり、探すのを手助けしてもらったりして、課題解決にとって有用な〈情報〉を獲得していきます。ここでは情報検索を行い

ますが、そのためには資料が組織されている方法（図書館に行くのであれば、蔵書資料がどのように分類、排列されているか、どのようなキーワードが用いられそうか、Web上の資料を検索するのであれば検索の作法）を各々のデータベースごとに理解する必要が出てきます。

「ゆとり教育批判」をテーマとした親であれば、ここで図書館に赴いたり、Webページを検索したりして、独自に、あるいは司書の人の手助けを得ながら文献を検索し、実際に取り寄せたりして、ターゲット〈情報〉を手許に手繰り寄せることになります。

第四の段階は、情報利用（use of information）であり、実際に入手した〈情報〉のうち課題の解決に関連する〈情報〉はどれかを判断し、それを抜き書きしたり、要約したり、切り抜いたりして、整理・組織・記録する段階です。このときには入手した〈情報〉がどの程度信頼できるものなのか、他の〈情報〉とどのような関連を持つものなのかの判断も含まれます。さらに、出典を記録し、文献リストの作成も行われます。

「ゆとり教育批判」をテーマとした親は、収集した資料に目をとおし、たとえば「ゆとり教育」によって解決しようとしていた問題が何かを、また「ゆとり教育批判」の論者たちが解決しようとしている問題は何かを、文献や論者ごとに記録し、整理しようとするでしょう。

第五の段階は、統合（synthesis）で、入手した〈情報〉をどう組織化するかを課題との関係で判断し、またその表現方法を決定します。ここでは課題の解決にとって役立つか否かの判断、読み手や聞き手にとってわかりやすい表現（たとえばことば遣い、構成、イラストの使い方）とはどういうものかの判断、実際に自分が到達した結論は何かなどが判断され、有用な〈情報〉が統合され編まれていきます。そしてその最終的なプロダクトが、レポート、Webページ、映像作品、口頭発表等のさまざまな形式で構成されます。

「ゆとり教育批判」をテーマとした親であれば、「ゆとり教育」によって解決しようとしていた問題がそれによって解決できたのかどうか、そうでないとすれば、「ゆとり教育批判」の論者はそれをどのような代案によって乗り越えようとしているのか、それは実効性がありそうか、というよう

第4章 民主主義を支えるしくみとしての〈メディア〉とその理解

な問いを連ねたストーリーラインのなかで、好きでそうなったわけでない「ゆとり教育世代」の親として投稿記事を書き上げ、子どもたちが受けてきた「ゆとり教育」の今後を検討していこうとするかもしれません。

このように、実際に自分の考えを広く公にし、すでにあるコミュニケーションに参加したり、そこから新しいコミュニケーションをつくったりしていこうとするのがこの段階です。

そして、最後の第六の段階は評価（evaluation）です。ここでは、課題解決の達成度、プロダクトの完成度、次の課題解決に向けて改善等の自己評価がなされます。

「ゆとり教育批判」をテーマとした親は、たとえば、「ゆとり教育批判」の全体像を網羅した上で、効果的な表現や議論を展開させ得たか、などを振り返り、その結果を次回の活動に活かそうとするでしょう。

このように、アイゼンバーグの6段階からなるスキル群は、市民が社会について独自に〈情報〉を収集し、組織化するためのものであり、言い換えるならば研究するために図書館やインターネットなどの〈メディア〉を活用する技能群ともいうことができます。アメリカスクールライブラリアン協会と教育コミュニケーション工学会は、情報リテラシーを身につけた人たちの能力を表4-2に示すような9つの基準でまとめています[8]。これらは明らかに、これからの市民が身につけるべき能力にほかなりません。

前節で見たような社会認識のもとになるマスメディアからの〈情報〉をどう読み解くかというメディアリテラシーとは対照的に、ここで検討した情報リテラシーでは、自ら情報収集を行い、それを組織化し、社会的問題の解決とそのためのコミュニケーションをつくっていく市民をイメージさせます。

市民一人ひとりが、これら2つのリテラシーを両輪とした〈メディア〉の活用能力を保持することによって、それを介した〈情報〉のやりとりのプロセスは、はじめて民主的に運用できるものとなります。

表4-2　情報リテラシー教育の9つの基準

情報リテラシー（information literacy）	
基準1	情報リテラシーを獲得した学習者は、効率的かつ効果的に情報にアクセスする。
基準2	情報リテラシーを獲得した学習者は、情報を批判的かつ的確に評価する。
基準3	情報リテラシーを獲得した学習者は、情報を正確かつ創造的に活用する。
自立的学習（independent learning）	
基準4	自立した学習者は、情報リテラシーを獲得しており、かつその人の興味に関連させて情報を追求する。
基準5	自立した学習者は、情報リテラシーを獲得しており、かつ書物やその他の情報の創造的な表現を鑑賞することができる。
基準6	自立した学習者は、情報リテラシーを獲得しており、かつ情報の探索と知識の生成がうまくいくように努力する。
社会的責任（social responsibility）	
基準7	社会や学習共同体に積極的に貢献する学習者は、情報リテラシーを獲得しており、かつ民主主義社会における情報の重要性を認識している。
基準8	社会や学習共同体に積極的に貢献する学習者は、情報リテラシーを獲得しており、かつ情報と情報技術に対して倫理的行動をとる。
基準9	社会や学習共同体に積極的に貢献する学習者は、情報リテラシーを獲得しており、かつ情報の探求と生成を行う諸々のグループに効果的に参加する。

(American Association of School Librarians and Association for Educational Communications and Technology (1988) *Information Power: Building Partnership for Learning.* American Library Association. より)

(4) 民主的な〈情報〉空間とそのメンテナンス

① 民主的〈情報〉空間とは

　前の2つの項をとおして、メディアリテラシーと情報リテラシーは、〈メディア〉に関して市民の保持すべき両輪の能力であることを見てきました。しかし、実はこれを保障するには、1つの前提が満たされている必要があります。すなわち、その前提とは、私たちがマスメディアをとおして受け取る〈情報〉や、何かの問題を感じてそれについて研究するために収集し得る〈情報〉の空間が、特定の立場や考え方からコントロールされていないということです。

第4章　民主主義を支えるしくみとしての〈メディア〉とその理解

　たとえば、歴史上、焚書（ふんしょ）という行為がたびたび行われてきました。秦の始皇帝やヒトラーの焚書は有名です。日本においても、戦前は政府によって、戦後も GHQ によって特定の書籍が集められ、燃やされています。しかしこれは決して過去のできごとではありません。最近でも1992年8月に、ボスニア・ヘルツェゴビナ国立・大学図書館がセルビア人武装勢力によって攻撃され、民族の歴史を記録した貴重な蔵書の多くが消失しました。

　これら特定の人にとって不都合な思想を抹殺するために、書物（に代表される〈情報〉）を焼く（地上から抹殺する）という行為によってもたらされるのは、特定の人々の"声"が抹殺された〈情報〉空間です。そうした空間では、そのなかでいくら批判精神を発揮して〈メディア〉からの〈情報〉を読み解いても、あるいは情報機器を用いて〈情報〉に自由にアクセスして研究を行っても、バランスのとれた合理的な結論は導き出せません。

　すなわち、民主社会の意思決定は、主権者としての市民が行います。市民が合理的な意思決定を行うには、あらゆる人の声や〈情報〉を分け隔てなく流通させる〈メディア〉と、それを自由に活用し、議論できるしくみや空間が健全に保たれていることが前提です。

　そこで、日本では、そうした空間を保障するための原則が、憲法の第19条と第21条に明確に規定されています。すなわち、

第19条　思想及び良心の自由は、これを侵してはならない。
第21条　集会、結社及び言論、出版その他の表現の自由は、これを保障する。
　　2．検閲は、これをしてはならない。通信の秘密は、これを侵してはならない。

　これらの規定は、〈メディア〉と〈情報〉の流通する空間が互いに関連する2つの原理で成り立たなければならないことを示しています。すなわち、第一は、個々人の内面は誰からも、とりわけ権力者からは統制されず、自由でなければなりません。そのため、19条では思想や良心の自由が謳われ、21条では私たちの通信の内容は誰にも検閲されず秘密にできることが

保障されています。個人的な空間を決して侵すことのできない、何人も入り込むことのできない空間として保護の対象とすることで、誰からも干渉されずに、自分自身の心理的・社会的空間に自律的に生きる自由を保障するものです。第二に、その上でそこから自由に表現を紡ぎ出し、流通させることのできる権利として、第21条の２項では言論や出版などの表現の自由を保障しています。民主主義を健全に展開させるためには将来においても重要な、最低限の条件の保障であると考えられます。

② 民主的〈情報〉空間をメンテナンスする力

このような健全な〈情報〉空間が設定されてはじめて、メディアリテラシーや情報リテラシーは市民としての実質的な生きる力となります。とすれば、市民には、民主主義を成り立たせるこれらの原理の価値を理解し、それらを適正に活用するとともに、将来にわたって持続可能なようにメンテナンスする能力と態度も求められることになるでしょう。

こうした諸権利は憲法で保障されているのだから、それが侵されることなどあり得ないと見る向きもあるかもしれません。憲法を改訂することの難しさを考えれば、そのとおりかもしれません。しかし、憲法はお飾りではなく、むしろそうした原理に基づく社会をつくるよう、私たちに求めています。実際、憲法の精神を活かした社会システムをつくることは、必ずしも容易ではありません。

事実、インターネット等の新しい技術の普及によって、最近これらの原則はさまざまに挑戦を受けてきてきました。たとえば以下に記述する通信の秘密や内面・言論の自由を脅かす課題群について市民は、関心を持ち、研究し、解決策を提案できる必要があります。

(1) プロバイダーのサーバーをとおして私たちが日々アクセスするインターネットですが、サーバーには管理者がいて、管理者はセキュリティの面からも、サーバーに記録されるあらゆる〈情報〉に目をとおすことができなければなりません。ということは、私が送ったメールは、知らないうちに閲覧される可能性があるということです。そればかりか、サーバーの

管理者はその気さえあれば私の閲覧した Web ページの URL も記録できるので、可能性として、私が持ち得る価値観や思想、嗜好の秘密は、いまや筒抜けの状態になっています。私たちは、通信の秘密が侵されそうなこうした問題をどう考えたらよいのでしょうか。

(2) インターネットが普及する以前、表現の自由が規定されていたとはいえ、実際に社会的にインパクトのある言論を展開できた人は、本やテレビやラジオ、新聞、出版などのマスメディアを介して発信できる人に限られていました。それがインターネットの普及によって、誰もが気楽に意見を表明できるようになりました。それ自体は、民主主義にとって良いことであるに違いありません。しかし娯楽や個人的な趣味の範疇に入るような情報が大量に出回り、社会づくりに役立つような本来的な言説が逆に見えなくなってしまっている状況が生まれつつあります。このような状況をどう考えたらよいでしょうか。

(3) 個人情報やプライバシーを侵害するような〈情報〉が出てきてしまうことで、言論の自由やせっかくのアクセス権が規制の対象にされようとしています。たとえば私たちは、医者や弁護士など大量の税金を投入して育てた、公共の仕事を担う人たちの仕事ぶり等の「公共の関心事 (public interest)」と、芸能人の私生活のような「公衆の好奇心 (public curiosity)」は、注意深く区別することも必要ではないでしょうか。もしも、後者ばかりが肥大化した〈情報〉空間があるのだとすれば、何のための表現の自由なのでしょうか。

(4) 外国の〈情報〉も自由に出入りすることで、ローカルな規制が無意味になりつつあります。たとえば猥褻の定義は国や地方によって異なっていますが、それと関係なく外国産の表現が入ってくるようになり、ここでも自由な表現への規制の圧力が加わるきっかけができています。

こうして、もともと国家権力に対抗し、市民に社会を変える力を担保するための権利として設定された原理が新しい〈メディア〉のもとで挑戦を受けています。これらの結果、とりわけ思想的、政治的、社会的言論に適用される言論の自由そのものの規制につながることがあるとすれば、大い

に危険だと考えられます。

　今後も技術の革新によって、予想できないかたちでこうした大切な原理が危機にさらされ、挑戦を受けることがあるであろうと予想できます。市民はそうした〈情報〉空間にセンシティブになり、その時々に折り合いをうまくつけることができなければなりません。言論の自由の原則にただ乗りするような表現は、場合によっては言論の自由を自滅させる可能性もあるということを知り、持続可能な原則として守り続けていかなければならないでしょう。

　実際、旧来からの〈メディア〉である、図書館や放送事業は、その本来の機能を保持し表現の自由の価値を持続させるために、厳しい自己規制を行っています（コラム　自由と倫理参照）。

【コラム】自由と倫理

　新聞社や放送会社、そして図書館等の社会に組み込まれてから一定の歴史を持つメディアは、日本新聞協会、日本民間放送連盟、日本図書館協会等を設立し、表現・言論の自由に基づいた実践を行うための倫理綱領を定めています。それらは、以下の URL で確認することができます（接続できない場合は、それぞれの倫理綱領名を用いて検索してみてください。）。

　放送倫理基本綱領（http://nab.or.jp/ より左欄の「放送倫理」をクリックし、さらに「放送倫理基本綱領」をクリック）

　新聞倫理綱領（http://www.pressnet.or.jp/outline/ethics/）
　図書館員の倫理綱領（http://www.jla.or.jp/rinri.htm）

　それにしても、表現や言論の自由を活用した実践に、なぜ倫理が求められるのでしょうか。ここではその答えを、上記の3つの綱領に共通してみられる用語、すなわち〈自由〉〈公正〉〈信頼〉に注目して考えてみたいと思います。

　これらのメディアは、その表現や言論の〈自由〉を行使して民主社会の公器としての使命を果たそうとします。しかしその〈自由〉はや

りたい放題の無秩序な〈自由〉ではなく、統制のとれた〈自由〉である必要があります。たとえば、〈公正〉さを欠いた報道や扱いはメディアを特定の人を傷つけるだけの道具にしてしまいます。そうしたことを繰り返すような〈自由〉であれば、市民からの〈信頼〉は得られず、結局はせっかくの〈自由〉を活用できない人々だと認定され、その活動に規制を導入する根拠になってしまうでしょう。

　このような理由から、これらのメディアの倫理綱領は、〈信頼〉をそこねる〈自由〉の活用を厳しく戒め、〈公正〉性を確保することで逆に市民からの〈信頼〉を勝ち取ることをめざして宣言されたものだと考えられます。

　ひるがえって、社会に組み込まれて日の浅いインターネットを活用する私たちはどうでしょうか。上記のメディアを活用して表現や言論の〈自由〉を行使する人たちと同様に、基本的には私たち自身も同種の倫理を持つ必要があると思われます。すなわち、〈自由〉を楽しむだけでなく〈自由〉を守り享受するには、相応の代価を支払わなければなりません。それが、私たちの知っている〈自由〉を、私たちの子孫に将来にわたって引き渡していくための唯一の方法です。

第3節　〈メディア〉教育の編み直し

(1) 教育課程への組み込み

　〈メディア〉教育としてのシティズンシップ教育は、学校の教育課程にどのように組み込めるでしょうか。

　もちろん、学校裁量の時間である「総合的な学習の時間」でシティズンシップ教育という柱を立てることができれば、それに超したことはないですし、それが最善の答えであるように思われます。しかし、そうでなくて

も、すでにある教育課程の考え方や実践方法をわずかばかり変更するだけで、シティズンシップの育成に貢献できる〈メディア〉教育は十分に実現可能です。

　第一に、メディアリテラシーを育てる点に関しては、すでに国語科のなかに組み込まれつつある、〈メディア〉に関する単元に、社会的で批判的な読みの指導を持ち込むことで実現が可能でしょう。現在の単元は、まだまだ受容的な読みが主流になっているように思われますが、PISAテストなどで、リテラシーが強調されるようにもなってきていることも追い風になるだろうと思われます[9]。

　第二に、情報リテラシーを育てる点に関しても、従来の情報教育のパラダイムを、技術を心得た労働者（tech-savvy workforce）を育て、産業社会で生きる力を育てるというねらいだけでなく[10]、上に記したように〈情報〉を用いて社会的な問題を解決していく力を育て、市民社会で生きる力につなげていく教育課程を付け加えることで実現可能です。(情報教育における「情報活用能力」はもともと「情報リテラシー」を翻訳した概念ですが、いつの間にかそこに含まれるシティズンシップの観点は抜け落ちてしまっていますので注意が必要です。)また、学校図書館教育にも、これまでのように良書を楽しんで読む「楽しみ読み」「味わい読み」の教育だけでなく、表4-2（108ページ）に示した米国の基準に見られたように社会を調べ、問題を解決する「調べ読み」の教育課程を導入することができるでしょう[11]。

　従来、日本の〈メディア〉に関する教育は、マスメディアを対象にしたメディアリテラシー教育、ICTを対象にした情報活用能力の育成教育（情報教育）、図書館を対処にした情報リテラシー教育、というように、各〈メディア〉を対象にした教育課程が互いに連携なく構想され、乱立しがちでしたが、シティズンシップの育成という観点を導入して統合することも可能です。このときに、先に第三の力として指摘した、個々人の内面の自由や表現の自由を確保することの重要性に関する、従来社会科で教えられてきた教育内容も統合できます。

　このように、従来の教育課程のなかでも〈メディア〉を題材にしたシティズンシップの育成のための教育を行うことは可能です。しかしながらもち

ろん、それらを統合させるような特別な活動を導入することができたなら、やはりそれに超したことはないでしょう。たとえば、学校や地域の問題を実際に解決するような活動が「総合的な学習の時間」などで設定され、教育課程の随所に組み込まれたそれぞれの教育の成果がそこで統合されるような場が設定できれば、シティズンシップを育てる教育として独立した教育課程の編成ということになるだろうと思います。

最後にそうした特設の単元づくりのモデルとなる実践を紹介して、シティズンシップ教育としての〈メディア〉教育のイメージを膨らませておきたいと思います。

(2) 中善則氏の実践に学ぶ

岸和田市の中善則教諭(現:岸和田市教育委員会)が、中学2年生対象の選択社会科の授業(8講座のなかから生徒自らが選ぶ選択履修の時間の授業であり、週1時間が設定されていました。前後期に分かれており、各13時間が充てられていました)として行った「新聞社をつくろう——取材から営業まで」[12]の一部を見てみることにします。中教諭のねらいは、中学校に中学生による「新聞社」を創設し、中学生の立場で発行する新聞を「街のメディア」(地域情報の媒体)として機能させ、地域住民とともに街のあり方を考える「地域コミュニティづくり」を行うことにありました。

前後期とも、授業は次のように進行していきます。すなわち、まず第1段階で、新聞の構成と作成プロセスを学び、第2段階で実際に役割分担をして新聞を作成し、第3段階では実際に地域に配布し、第4段階では読者からの返信反応にも基づき、反省と再取材を行っていきます。

以下では、2002年度～2003年度に発行された17号～22号までの活動を追ってみたいと思います。これらの号では、地域の危険な歩道をテーマのひとつとして取り上げ、それがもとになって住民と行政担当者を動かし、実際に車道との間にフェンスを設置することを実現しています。

まず、17号(2003年1月発行)では実際の危険な箇所を写真に撮り、その危険性を訴えるとともに、管轄の土木事務所への取材の結果を記事にしま

した。土木事務所への取材でわかったのは、埋め立て前の防潮堤が残っているために道幅が狭くなっていること、防潮堤の管轄は大阪府港湾局であり土木事務所の管轄外であること、危険を少なくするにはフェンスを取り付けることもできるが、かえって道幅が狭くなり、危険になり得ると考えていることなどでした。そこで、それを記事にして配布するとともに、住民のフェンス設置への意見をアンケート調査により収集しました。その結果、84通の返信を得、さまざまな意見があることが明らかになると同時に、中学生の問題意識が住民に伝わり、受け入れられていきました。

　18号（2003年3月発行）では、防潮堤が撤去されていない理由を知るために、大阪府港湾局への取材を行い、その結果を記事にしました（図4-2）。取材では、当初の防潮堤の役割は終えているが、近隣の防音防止壁として今は役立っていること、撤去には多額のお金がかかることなどがわかりました。また、17号でのアンケート結果の報告を行いました。その結果として住民から壁が防潮堤であったことを初めて知ったという驚きや、対策の必要性などの意見が寄せられたということです。

　これら17、18号を出したある生徒は、取材活動の体験を後に次のように振り返っています。「取材先の人たちはみな親切で、お仕事の時間を割いてまで話を聞いてくれて、いろんな人にお世話になったから、今まで続けてこられた。フェンスが立つまでお世話になったたくさんの方、ありがとうございました。」

　19号（2003年7月）では、新しいメンバーがこの問題を引き継ぎ、18号の反響を土木事務所に伝え、改めて取材した結果を掲載しました。ここでは、担当者の次の発言が、喜びと供に速報で伝えられました。「フェンスは建てましょう。防潮堤も全面撤去は無理だが、フェンスを建てればかえって危険という住民の意見もふまえて、50cmほど削る工法も検討してみる。中学生及び地域住民がここまで熱心に、安全対策について考えてくれているので、行政も何とかそれに応えたい」。

　別の記事を扱った20号ののち、21号（2003年12月）では、フェンスが設置されたことを受け、その後の展開を土木事務所に取材した結果を掲載しました。そこでは、財政難で防潮堤を削ることはできなかったが、法改正が

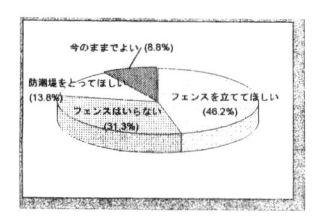

第4章 民主主義を支えるしくみとしての〈メディア〉とその理解

図4-2 「新聞野村」18号
(中善則 (2006)「中学校を地域社会の交信基地に」森田ほか(編)『人権教育と情報・メディア教育のコラボレーション』明治図書、p.100 より)

あり、道幅を狭くせずにフェンスを設置することが可能になったため、その方法でフェンスが設置されたとの説明が記事になりました。

　ある生徒は、この成果を受けて次のような感想を述べたそうです。「私たちでも、地域の人たちにこんなすごいことができるんだなぁと思いました。アンケートを書いてくれた人にたまたまあって、『ホンマにフェンス立ったなぁ、すごいなぁ、ありがとう』と言ってくれたことがすごくうれしかったです。」

(3) 中実践の意味

　以上の中実践では、前節で見てきたシティズンシップ教育で必要な〈メディア〉教育に関する3側面が統合されています。それだけでなく、従来の〈メディア〉教育の弱点が効果的に補われていることも伺えます。今後の実践づくりのために確認しておきたいと思います。

　(1)　中学生が「新聞社」をつくり、「街のメディア」（地域情報の媒体）になるという設定は、中学生をオーディアンス（受け手）としてだけではなく、〈情報〉の生産・制作者に仕立てる試みです。このとき、中学生たちは、その立場から〈情報〉を見たはずです。すなわち、17号では地域の危険な歩道の写真をどのように危険性がわかるように撮影するかを、18号では地域住民からとったアンケートの結果をどのように表現し提示するかを、19号では土木事務所の担当者の「心意気」をどのようにうれしい気持ちと共に伝えるかを、そして21号では自分たちの活動の結果がどのような結末を迎えたかを、それぞれ使命感や感動や誇りと共に伝えようとしたのだと想像できます。これらは〈情報〉の生産・制作者になってはじめて味わう、「なんとしても伝えたい！」という感覚で、実はテクストを読む際に書き手を想像する点でも大いに参考になる社会的、心理的体験であったと想像できます。

　実際ある生徒は、新聞の発行体験を振り返って、次のように述べています。「意外と大人の人が読んでくれてうれしかった。感想とか見て、自分

以外の人の考えのこととか考えられるようになった。文章をつくるのは難しい……。新聞をつくっている人は、毎日文章を考えるのはすごいことだと思った。」

　読むスキルは、読むだけで高まるものではありません。書き手の立場に立ち、書く経験から学ぶことによって、読み手ははじめてよい書き手やよい読み手をイメージできるようになるのです。これと同様に、メディアリテラシーで「読み解く」という力を蓄える場合も、実は生産・制作の立場に立つことが重要だと思われます。中学生を生産・制作者の立場に立たせる中実践は、その意味で、従来の「読み解く」ことに力点のおかれがちであったメディアリテラシー教育の幅を広げる提案だとも受け取れます。

　(2)　新聞社の立場からの活動は、情報リテラシーの訓練としても優れています。それは単にアイゼンバーグの6大スキルでモデル化された6段階のステップが含まれるというだけではありません。そこには、旅行のために情報問題解決をするというような個人的な問題の解決ではなく、あるいは就職のために必要なスキルだからというような道具的な意味とは異なった目標、すなわち市民の「立場」から地域社会づくりに貢献するという、公共性があり、やりがいがあり、皆に喜んでもらえるような目標があります。こうした目標は児童・生徒が社会との接点を持ち、社会を変えられるものとイメージするのに欠かすことのできない体験を提供するでしょう。またそうした目標を達成するために力を合わせることは、6大スキルを単なる抽象的なスキルではなく、より価値のある、実際に役立つスキルとして認識させるでしょう。

　ここではインタビューを主とした取材活動でしたが、インターネットや図書館での調べ学習を絡められれば、情報リテラシーの学習機会はさらに多様になると考えられます。

　(3)　中実践で、中学生たちは、〈情報〉を伝えることで、人を動かし、社会が変わるという体験をしました。これは社会づくりの意思決定に参加し、実際に社会を変えたという原体験であると同時に、そうしたことを可能にしたしくみ、すなわち新聞という〈メディア〉があり、情報公開の制度があり、表現の自由があるという、民主社会の"インフラ"の価値を知

る原体験であったのはないでしょうか。同時に、そうした表現の自由が人の悪口や噂を言うためにあるのではないことを知る、良い機会になったでしょう。このように、〈メディア〉に何ができるかを、身を持って経験してもらうことは、やってはいけないことを教えることと同じく、シティズンシップ教育の重要な部分だと考えられます。

第4節 おわりに

　本章ではまず、〈メディア〉を「送り手からの〈情報〉を媒介するモノである」と定義し、私たちが日々〈メディア〉から受ける、意識的、無意識的な影響について考察しました。その上で、シティズンシップの開発にとって〈メディア〉やそれに媒介される〈情報〉と関わる力が育成される必要を3つの側面、すなわち、〈メディア〉を介した社会認識の特質を知る必要、社会づくりの道具として〈メディア〉を活用する能力を保持する必要、さらに民主的な〈情報〉空間を確保する必要についての関する認識の必要、から確認しました。それらは、それぞれメディアリテラシー教育、情報リテラシー教育、そして社会科教育の射程にすでに入っている内容であり、〈メディア〉や〈情報〉に関わるシティズンシップ教育を始めるとは、特に新しいことをするわけでないことを確認しました。しかし、「総合的な学習の時間」等を活用することで、それらの統合も企図できます。そこで最後に、中善則氏の実践例を参考にしながら、既存の各教育の射程を統合するイメージを明らかにしてみました。
　今後は、〈メディア〉の領域でのシティズンシップ教育としては、中実践のように、〈メディア〉を活用し、社会を考え、働きかけるような実践が豊かに紡ぎ出されることが期待されます。それが私たちの社会を支える底力を育てることになるのは、少なくとも理論的には間違いないと思われます。
　しかし、実際に社会をつくるとは、多少とも既存の社会のまずい点を指摘し、結果的にそれを批判することになります。ですからそれまで社会を

つくってきた大人の側からすると、若い人たちの社会をつくろうする活動にはおもしろくない部分も含まれるかもしれません。しかし、シティズンシップを育てるには、私たち大人が若い人たちによるそういった活動を支援し、受け入れる度量を発揮することが必要ではないでしょうか。ちょうど、岸和田市の土木事務所の担当の方々が発揮してくださったような。そしてもちろん、何より大人自身も、そうした実践を紡ぎ出すことが重要だと思われます。その際、〈メディア〉は確実に役立つ道具になるはずですし、大人によるそうした〈メディア〉活用こそが、若い人たちにその価値を知らしめる機会になるのではないでしょうか。

【さらに学びたい人のための読書案内】
カナダオンタリオ州教育省（編）／FCT（訳）（1992）『メディア・リテラシー —— マスメディアを読み解く』リベルタ出版
菅谷明子（2000）『メディア・リテラシー —— 世界の現場から』岩波書店
森田英嗣・矢野洋（編）（2006）『人権教育と情報・メディア教育のコラボレーション』明治図書
鈴木みどり（編）（2001）『メディア・リテラシーの現在と未来』世界思想社
塩見昇・船寄俊雄・森田英嗣・土屋基規・木幡洋子（2004）『学習社会・情報社会における学校図書館』風間書房
アメリカ・スクール・ライブラリアン協会、教育コミュニケーション工学協会／同志社大学学校図書館研究会（訳）（2000）『インフォメーション・パワー —— 学習のためのパートナーシップの構築』同志社大学

第5章　消費者教育をとおして育てるシティズンシップ

鈴木真由子

　第5章では、消費者教育に焦点を当て、シティズンシップとの関わりについて考えます。まず第1節では、消費者教育についての基本的事項を確認した後、消費者教育が求められる背景について、生活を取り巻く環境の変化を踏まえて整理します。そうした社会状況のなか、「保護」から「自立」へ転換した消費者政策がもたらす影響についても述べます。

　第2節・第3節のキーワードは「消費者市民」です。第2節では、欧米の消費者運動・消費者教育を振り返り、特徴を整理することで消費者市民としてのシティズンシップについて取り上げます。続く第3節では、消費者市民社会をキー概念として、消費者が主体的に社会変革に関与する社会のあり方について述べるとともに、そうした消費者市民になるためのポイントを4点に整理します。

　第4節では、小学校家庭科における消費者教育の実践例を取り上げ、そこでどのようなシティズンシップの育成が期待できるのか、その可能性を探ります。

第1節 消費者教育が求められる背景

(1) はじめに

「消費者保護基本法」(1968年5月)が36年ぶりに改正され、「消費者基本法」(2004年6月)が誕生しました。法律の名称から"保護"の文字が削除されたことからもわかるように、消費者は"保護"の対象から"自立"を求められる存在へと、その立場は大きく変化しています。改正法第二条「基本理念」には、後述するように消費者の権利の尊重と自立の支援が、消費者政策の中心的概念として明記されています。

「消費者保護基本法」が施行された当時は、既製品を購入することを前提とした大量生産・大量消費が高度経済成長を牽引し、『消費は美徳』と謳われていた時代でもありました。ちなみに21世紀に入ってからの中国の飛躍的な経済成長ぶりは、この時期の日本経済の状況と共通点が多いといわれています。また、高度経済成長期の日本では消費者トラブルが多発していました。そうしたなかで、「かしこい消費者」を象徴的なスローガンとしたバイマンシップ (buymanship)、つまり買い手としての能力の育成が注目されていました。

今、私たちの暮らしにはモノが溢れています。日々新しいモノがつくられ、消費者の購買意欲をそそるようなコマーシャルやキャッチコピーが誘いかけます。モノだけではなくさまざまなサービスも提供され、売り方も買い方もますます多様化しています。情報化が進行し、インターネットも普及しました。ヴァーチャルな世界での情報やデータ、権利も契約の対象となっています。インターネットを介することで、「C to C」、つまり消費者間の直接取引による契約も容易に展開されています。

こうした社会状況のもと、消費者トラブルが多様に、複雑に、巧妙になったことはいうまでもありません。消費者トラブルの被害者に大人と子どもの区別はありません。場合によっては、被害に遭っていることに気づかな

第5章　消費者教育をとおして育てるシティズンシップ

図5-1　消費者行政・消費者・事業者の関係の変化（モデル図）
(http://www.fcoop.or.jp/kumikatsu/kihonhou/01.html より)

かったり、当事者の自覚のないまま加害者になったりしていることもあります。それは、決して特殊なことではないのです[1]。

　先に述べた法律改正の背景には、消費者トラブルの急増や、消費者を巻き込んだ企業の不祥事の多発、人・モノ・サービス・情報のグローバル化などが挙げられます。社会経済のシステムが変化し、規制改革も進行するなか、消費者行政・消費者・事業者の関係も、図5-1のように変化します。すなわち、従来のような事業者に対する事前規制と消費者に対する保護から、消費者が権利の主体者として自立するための支援体制をサポートすることへ、消費者行政の役割が変容したのです。

　これからのめざすべき消費者像は、「自立した消費者」であり、「判断し意思決定できる消費者」、「責任ある消費者」、ひいては「批判し発信できる消費者」です。つまり、消費者としての自己責任や批判的思考力（critical thinking）が求められており、消費者教育をとおして、それらを身につけたシティズンシップの育成が重視されるようになったのです。

(2) 消費者教育とは

　では、消費者教育とはどのようなものでしょう。学者・研究者によってもその定義はさまざまですが、今井氏は80近い定義ないし基本的な概念枠

組みを以下の4つに分類・整理しています。少し古い文献からの引用ですが、紹介します[2]。

(1)「消費者が財やサービスを購入するに当たって、情報を集め、分析し、各自の価値に基づき、環境や不断に変化する経済社会状況に照らして、利用可能な選択対象や資源について意思決定をし、その結果の経済や環境に対する影響を理解する能力を開発するプロセス」
(2)「消費者が法の知識を与えられ、市場に効率的にかつ自信を持って参加し、トラブルに巻き込まれてもその救済を求めて適切な行動をとる能力を開発するプロセス」
(3)「消費者が経済・社会および政治の組織において市民としての役割を果たし、そのシステムを消費者のニーズにあったものにしていく方法を理解する能力を開発するプロセス」
(4)「消費者が収入稼得者・市民として、また世界のなかで"生き""わかち合う" citizenship の能力を養うプロセス」

また、日本消費者教育学会は、消費者教育を次のように説明しています[3]。

> 消費者教育とは、消費者が商品・サービスの購入などをとおして消費生活の目標・目的を達成するために必要な知識や態度を習得し、消費者の権利と役割を自覚しながら、個人として、また社会の構成員として自己実現していく能力を開発する教育である。（中略）消費者教育においては、消費者が各自の生活の価値観、理念（生き方）を個人的にも社会的にも責任が負えるかたちで選び、枠組みできること、経済社会のしくみや商品・サービスについての知識・情報を理解し、批判的思考を働かせながら選択対象をトレード・オフし、合目的的に意思決定できること、そして個人的、社会的に責任が持てるライフスタイルを形成することなどが意図されている。

ここで説明される"個人的、社会的に責任が持てるライフスタイルの形成"は、市民参加の力にほかなりません。消費者教育では、バイマンシップの育成にとどまらず、シティズンシップを身につけることが求められており、人間としての生き方の教育をも含みこんでいるのです。

現代のような自己責任時代だからこそ、こうした理念に基づいた消費者教育が不可欠なのです。なかでも"批判的思考"が、キー概念といえるでしょう。

では、批判的思考とは何を意味しているのでしょう。序章で述べたように「批判的」という語感はネガティブな印象でとらえられがちですが、批判的に考えることは相手の意見を否定することではありません。また、単に懐疑的な態度をとることだけでもありません。批判的思考のなかには、論理的かつ創造的で偏りのない思考、自分自身の推論プロセスについて省察的にモニタリングするメタ認知、多面的で柔軟な発想、合理的な意思決定、といった要素も含まれます。

消費者教育は解決すべき多くの課題を抱えています。たとえば、大学などの高等教育や職域における消費者教育の展開、学校教育・社会教育現場における消費者教育関連の情報および教材の充実、消費者教育の担い手の支援強化などです。消費者行政、企業の消費者関連部門と連携を図りながら、こうした課題が解決される必要があります。

(3) 生活を取り巻く環境の変化

ここで、消費者教育が求められる背景を、生活を取り巻く環境の変化から改めて整理しておきましょう。生活環境の変化は多様ですが、以下、「生活の情報化」と「経済のグローバル化」に注目します[4]。

まず、生活の情報化について述べます。IT化の進行によって、私たちの生活は大きく様変わりしました。手のひらサイズの携帯電話がインターネットの端末となり、情報の伝達速度が一気に高速化しました。いまやネットへの接続は、ポータブル・ゲーム機からも可能です。そのため、広範な消費者トラブルが発生するようになりました。ブログや掲示板によって、

"口こみ情報"の機能が、爆発的に拡大したともいえるでしょう。

　第4章でも確認したように、メディアがもたらす生活情報の蔓延も、私たちの生活に影響を与えています。少し前に生活情報をセンセーショナルに扱ったテレビ番組が社会問題となりました。いわゆる"やらせ"やデータの捏造・歪曲など、記憶している人もいるのではないでしょうか。メディアが、消費者である視聴者の健康志向やダイエット志向に注目し、ある特定の食品の機能を誇大広告することで、スーパーマーケットの棚からその食品が消える……などの現象も起きています。不十分な情報を流した結果、食中毒を発生させた例もありました。こうした"フードファディズム"[5]の対象になりやすいのは、いわゆる健康食品やダイエット食品など多種多様ですが、マスメディアの与える影響はきわめて大きいといえるでしょう[6]。

　価値観が多様化した現代であっても、消費者心理を巧みに操作するこうしたマーケティング戦略によって、消費行動は多大な影響を受けているのです。情報へのアクセスが多様で複雑になったことが、トラブルを助長させているとも考えられます。

　一方で、デジタルデバイド（≒情報格差）[7]の問題も深刻です。すべての人が、デジタル機器を駆使して有意義な生活情報を入手できるわけではありません。新しい機器やシステムに即座に対応するためには、ある程度の経済力や知的関心などの条件・環境が必要なのです。携帯電話社会への移行が公衆電話を激減させたように、前提となる社会構造からはずれた"情報弱者"の存在が無視されれば、そこに問題が発生することは明らかです。

　次に、経済のグローバル化について述べます。経済活動がグローバル化することによって、国際的な分業が進行しました。そのため、人件費が安く、生産コストが低い地域でモノが作られ、運ばれるようになっています。しかし、安全基準のグローバル化は並行して進行したでしょうか。

　消費者トラブルは、消費者と生産者との距離が長くなるほど発生しやすくなります。したがって、一次生産の拠点が海外になれば、監視の目も届きにくく、社会が許容する"安心・安全"のスタンダードに齟齬が生まれるのは当然です。

保障についても同じことがいえます。日本における製造物責任法(PL法：Product Liability)[8]の施行は1995年ですが、国際的に大きく後れをとったことは否定できません。PL法ができるまでの間、欠陥のある製品で損害を被っても、<u>過失</u>があったことを消費者が立証しなければならなかった日本では、消費者が救済される可能性はほとんどありませんでした。しかし、同じ欠陥製品による被害者でも、すでに立法化されている国では製造者の責任が問われ、損害賠償が受けられたのです。

このことは、法律未整備の国で販売される製品に対する安全対策が軽視されることを意味しています。つまり、安全対策に関わる製造工程を省略したり、安全装置の部品の数や強度を軽減したりすることで、コストダウンが図られていたのです。法律の有無が、こうした公平・公正に欠ける状態をつくりだしていたわけです。

第2章で示したように、深刻な地球環境問題の発生も経済のグローバル化と関係があります。環境保護に関する規制のない国や地域は、相対的に設備投資が低く抑えられますから、コスト削減につながります。いわゆる南北問題です。これから経済発展しようとしている国や地域はもちろん、そうした場所に一次生産を頼っている先進諸国も同様の事情で、環境保護との二律背反を内包しているのです。

1980年代には、環境問題に関わるNGOの活動が活発になりました。

表5-1　グリーンコンシューマー10原則

---
1. 必要なものを必要な量だけ買う
2. 使い捨て商品ではなく、長く使えるものを選ぶ
3. 包装はないものを最優先し、次に最小限のもの、容器は再使用できるものを選ぶ
4. 作るとき、使うとき、捨てるとき、資源とエネルギー消費の少ないものを選ぶ
5. 化学物質による環境汚染と健康への影響の少ないものを選ぶ
6. 自然と生物多様性をそこなわないものを選ぶ
7. 近くで生産・製造されたものを選ぶ
8. 作る人に公正な分配が保障されるものを選ぶ
9. リサイクルされたもの、リサイクルシステムのあるものを選ぶ
10. 環境問題に熱心に取り組み、環境情報を公開しているメーカーや店を選ぶ

グリーンコンシューマー全国ネットワーク（編）(1999)『グリーンコンシューマーになる買い物ガイド』小学館, p.25.

1988年にイギリスで発行された『グリーンコンシューマーガイド（The Green Consumer Guide）』[9]は、欧米でベストセラーとなりました。そのなかで紹介されている「グリーンコンシューマー10原則」は、前頁のとおりです。

こうした生活環境の変化によって、消費者としての批判的思考力や自己責任が重視されるようになり、それらを身につけるための消費者教育が求められるようになってきました。

(4) 消費者政策の転換 ── 保護から自立へ

先に述べたように、消費者の位置づけは「保護」から「自立」へ転換しました。しかし、だからといって消費者と事業者とが対等な立場になったわけではありません。消費者は、構造的に弱者であり、消費者と事業者の格差は、歴然と存在しています[10]。

「消費者基本法」では、「消費者と事業者との間の情報の質及び量並びに交渉力等の格差」を踏まえ、「消費者の権利の尊重及びその自立の支援その他の基本理念を定め、消費者の利益の擁護及び増進に関する総合的な施策の推進を図り、もって国民の消費生活の安定及び向上を確保すること」を目的（第一条）としています。

また、基本理念（第二条）には「消費者の利益の擁護及び増進に関する総合的な施策（以下「消費者政策」という。）の推進は、国民の消費生活における基本的な需要が満たされ、その健全な生活環境が確保されるなかで、消費者の安全が確保され、商品及び役務について消費者の自主的かつ合理的な選択の機会が確保され、消費者に対し必要な情報及び教育の機会が提供され、消費者の意見が消費者政策に反映され、並びに消費者に被害が生じた場合には適切かつ迅速に救済されることが消費者の権利であることを尊重するとともに、消費者が自らの利益の擁護及び増進のため自主的かつ合理的に行動することができるよう消費者の自立を支援することを基本として行われなければならない」ことが明記されました（下線・網掛け筆者）。

基本理念に挙げられた消費者の権利は、国際消費者機構（CI：Consumers

第5章 消費者教育をとおして育てるシティズンシップ

表5-2 消費者の権利と責任（C.I.）

消費者の8つの権利
（ケネディ大統領提唱の権利「2、3、4、5」 フォード大統領提唱の権利「7」） 1．生活における基本的ニーズが保障される権利　2．安全が保証される権利 3．情報が与えられる権利　　　　　　　　　　4．選択する権利 5．意見が聞き届けられる権利　　　　　　　　6．救済（補償）を受ける権利 7．消費者教育を受ける権利　　　　　　　　　8．健全な環境を享受する権利

消費者の5つの責任
1．商品・サービスの用途、価格、品質等について「批判的な意識を持つ責任」 2．公正な取引が実現されるように「行動する責任」 3．自らの消費者行動が他者に与える影響を考慮に入れる「社会的関心を持つ責任」 4．自らの消費者行動の結果が環境に与える影響を理解する「環境への自覚の責任」 5．「消費者として団結し連帯する責任」

International）が掲げている消費者の8つの権利を踏まえたものです（表5-2）。なお、CIは、消費者には権利とともに5つの責任が伴うとしました。

さらに、行政（国・地方公共団体）、事業者および事業者団体、消費者、消費者団体の責務として、以下のように定めました。

1）行政：経済社会の発展に即応して、基本理念にのっとり、消費者施策を推進すること（第三条および第四条）。
2）事業者および事業者団体：基本理念に鑑み、供給する商品や役務について、消費者の安全と取引の公正の確保、消費者への明確かつ平易な情報提供、消費者の知識・経験・財産の状況への配慮、適切かつ迅速な苦情処理、行政の消費者政策への協力、環境保全への配慮、自主行動基準の作成をすること（第五条および第六条）。
3）消費者：自ら進んで消費生活に関する必要な知識を習得するとともに、情報収集など自主的かつ合理的に行動するように努め、環境の保全・知的財産権などの保護に配慮するよう努めること（第七条）。
4）消費者団体：消費生活に関する情報の収集及び提供並びに意見の表明、消費者に対する啓発及び教育、消費者の被害の防止及び救済のための活動、消費生活の安定及び向上を図るための健全かつ自主的

な活動に努めること（第八条）。

　加えて、基本的施策を定めた第二章には、消費者の自立を支援するため、国は生涯学習社会を前提に「学校、地域、家庭、職域その他のさまざまな場を通じて消費生活に関する教育を充実する（第十七条）」としたほか、「消費者に対する啓発活動及び教育の推進等に当たって環境の保全に配慮する（第二十二条）」ことが明記されました。

　一方、市場メカニズムにも大きな変化がありました。かつての消費者政策は、弱者である消費者を"保護"するために事業者を"規制"することを軸に展開していました。先ほども述べたように、両者の立場には、情報、知識、技術など、大きな格差が存在していることから、それを是正するためです。

　20世紀後半に台頭した新自由主義[11]の潮流に乗り、日本でも「規制緩和」の方向へ舵が切られるようになりました。そこでは「自立する消費者」が求められ、「消費者政策の重心を消費者の保護から消費者の自立に対する支援へと移行」して、「消費者と事業者が自己責任に基づいて行動できる環境整備が不可欠」（1997年、消費者保護会議）とされました。その結果、「消費者・生活者重視の社会」（1993年〜1996年、消費者保護会議）が構築されるほど、「消費者は自己責任をとれる主体となる必要がある」[12]という状況が生まれたのです。

　しかし、いくら小中学校の家庭科の授業で「食品表示の見方」を学習しても、表示自体が偽装されていたらどうでしょう。期限表示をごまかしたり、産地を偽装したり、本来表示しなければならない成分を書かなかったり。残念ながら、こうした事件は後を絶ちません。これでは教育のモチベーションが低下します。偽装表示の記載事項を"正しく"読み取ったところで、それは暮らしの役に立つどころか、場合によっては消費者が無力であることを知らしめることにつながるかもしれません。

　言い換えれば、表示の記載事項が"正しい"ことを前提にしなければ、表示の見方の学習そのものが成立しない、ということを意味しています。そこに嘘やごまかしがあれば、この前提が崩れるわけですから、事業者に

対する適切な"規制"や"事後チェック"が不可欠であることはいうまでもありません。

　では、"規制"を強化する方向へ戻すことは可能でしょうか。それは、"過保護"に逆戻りすることにならないでしょうか。必要な"規制"が何なのか、緩和した規制、撤廃した規制のなかで、戻すべき対象はどれなのか、それを決めるのは誰でしょう。そう、消費者自身なのです。

　何も言わなければ、行動を起こさなければ、それは納得しているのと同じことを意味しています。コンプライアンス[13]が欠如した企業に対して、消費者行政のあり方について、消費者自身がアクションを起こすことが重要です。消費者政策が「保護」から「自立」へ転換した今、まさしく消費者のシティズンシップが求められているのです。

第2節 消費者市民の育成と消費者教育

(1) 欧米の消費者運動・消費者教育を振り返る

　歴史的に見て、世界の消費者運動・消費者教育を牽引してきたのはアメリカです。ヘンリー・ハラップ（Henry Harap）が消費者教育に関する最初の文献といわれる『消費者の教育 ── カリキュラム教材における研究（The Education of the Consumer: A Study in Curriculum Material）』を出版したのは1924年のこと。ハラップは消費者教育を「消費者と経済的環境との効果的な関係についての指針」として位置づけました。また、1930年代には、すでに学校における消費者教育の重要性が説かれるようになりました。

　そのなかで、1936年に誕生したアメリカ消費者同盟（CU: Consumers Union of United States）は消費者運動の中核的役割を果たす存在であり、国際的にも多大な影響力を示してきました。CUは、いまや世界最大の消費者団体であり、発行する機関誌『コンシューマー・レポート（Consumer Reports）』は、発行部数世界一を誇る商品テスト雑誌として有名です（コラム参照）。毎月の発行部数は400万部とも500万部ともいわれており、電子版

も配信されるなか、消費行動に影響を与えています。消費者が、商品を批判的に選択・購入するための情報を、商品テストをとおして提供する"商品テスト型"消費者運動の先駆的なものといえるでしょう。

CUの動きは、ヨーロッパへと拡がりました。1960年には国際消費者機構[15] (IOCU : International Organization of Consumers Unions) 結成へと結びつき、ヨーロッパにおける消費者運動・消費者教育の基盤ができあがります。

【コラム】商品テスト雑誌『Consumer Reports』の影響

商品テスト雑誌は、主に生活用品の品質や性能、安全性、信頼性などを公平・公正にテストして、その結果を消費者向けに発表したものです。

もっとも有名なのは、なんといってもアメリカの『Consumer Reports』(CU: 1936年～) で、商品テスト結果を掲載する日本の消費者向け雑誌、『暮しの手帖』(暮しの手帖社：1948年～) や『月刊消費者』(日本消費者協会：1963年～)、『月刊たしかな目 (2008年より『月刊国民生活』)』(国民生活センター：1981年～) にも大きな影響を与えています。

メディアも注目して取り上げますので、『Consumer Reports』のなかでどのように評価されるかは、商品の売り上げを大きく左右します。テストの結果、高い評価を得た企業は、それを自社製品の販売広告に使い、性能や安全性の高さをアピールします。

2009年から2010年にかけて、日本のトヨタ自動車は大規模なリコールによって大きな打撃を受けました。そのなかで2010年4月、『Consumer Reports』ウェブサイトの"Cars Blog"(URL[14] 参照)に"Don't Buy: Safety Risk — 2010 Lexus GX 460"が掲載されました。つまり安全性をテストした結果、横滑りのリスクがあることを指摘し「買ってはいけない車」として発表したのです。これを受け、トヨタはすぐに同車の販売中止をディーラーに指示し、『Consumer Reports』で指摘された問題の解決にあたるとしました[14]。

第5章　消費者教育をとおして育てるシティズンシップ

　1968年にニューヨークで開催された第5回IOCU世界大会のメインテーマは"消費者の権利 ── 世界的な視点"(Consumer Right: World View)です。それまでの商品テストや安全規格といった問題に対する議論から、消費者の権利、つまり消費者教育に焦点が移されたのです。背景に、J. F. ケネディ大統領の「消費者の利益の保護に関する連邦議会への特別教書」(1962年)で示された消費者の4つの権利(表5-2参照)があることはいうまでもありません。この時期からアメリカの消費者教育は、「buymanshipの育成からconsumer citizenshipの育成へと大転換」し、「世界の消費者教育の方向性に大きな影響」[16]を与えていきます。

　アメリカの消費者運動のひとつの形態は"告発型"といわれています。その指導的存在であるラルフ・ネーダー(Ralph Nader)は、1970年代に不買運動や提訴などをリードします。彼の著書『どんなスピードでも自動車は危険だ ── アメリカの自動車に仕組まれた危険』[17]は、自動車の欠陥を告発したものです。告発した相手は、アメリカの主力産業である自動車業界ですから、大きな衝撃を与えベストセラーになりました。1960年代以降、コンシューマリズムが台頭し、消費者教育の必要性が重視された時期といえます。

　1970年代に入ると、北欧スウェーデンでは消費者オンブズマン制度が導入されました。また、消費者問題を専門的に取り扱う裁判所として、「市場裁判所」が設置されたのもこの時期です。日本では、ようやく2009年に消費者庁が設立されましたが、スウェーデンにはすでに1973年時点で設立されています。

　その後、環境保護運動が世界規模で活発になり、1980年代にはグリーン消費者運動の時代を迎えます。国連の環境と開発に関する世界委員会が、リオデジャネイロ会議で提唱した"持続可能な消費"(Sustainable Consumption)は、現在も重要なキー概念です。

　1990年代以降「持続可能な社会・経済への関心が高まり、グリーン消費者運動は、身近な環境から地球規模の環境、社会の在り方まで」議論され、21世紀に入ると「生活する市民としての「生活者」という視点が重視」[18]され、「消費者市民社会」概念が注目されるようになりました。

(2) 欧米の消費者教育の特徴

バニスターとモンスマ(R. Bannister & C. Monsma)は、『消費者教育における諸概念の分類』[19]において、アメリカの消費者教育の体系化・概念化を完成させました。彼らは消費者教育の主概念を「意思決定（Decision Making）」、「資源管理（Resource Management）」、「市民参加（Citizen Participation）」の3つに整理し、それぞれの副次的概念や関連分野も提示しています[20]。この枠組みは、世界の消費者教育に影響を与え、今日でも概念のスタンダードモデルとなっています。

表5-3は、アメリカの高等学校で使用されている教科書『The Confident Consumer』[21]の目次です。マクロ経済における日常の消費（ミ

表5-3　キャンベル『The Confident Consumer』目次

Unit 1 経済	Chapter 1 Chapter 2	経済の仕組み 経済の中のあなた（個人）
Unit 2 意思決定	Chapter 3 Chapter 4 Chapter 5 Chapter 6	労働者としてのあなた 消費者としてのあなた 経営者としてのあなた 買い物客としてのあなた
Unit 3 日常の消費	Chapter 7 Chapter 8 Chapter 9	食料品店の見方 着ているシャツは？ あなたの見方、感じ方
Unit 4 大きな消費	Chapter10 Chapter11 Chapter12	どこに行く？ あなたの住む場所 家の中
Unit 5 金融	Chapter13 Chapter14 Chapter15 Chapter16	クレジット（信用）の管理 金融安全確保のための計画 金融制度とサービスの利用 出資と生涯保健
Unit 6 市民権	Chapter17 Chapter18	市民としての役割 環境の中の役割

(奥谷めぐみ・鈴木真由子（2010）「アメリカ、EU、東アジアの消費者教育と日本の課題」『大阪教育大学教育学部紀要V』59巻，1号，p. 55.)

クロ経済)の位置づけや金融について学ぶ構成になっており、最後にユニット6「市民権」(Your Role as a Citizen)のなかで、市民としての役割とともに環境における役割について学習します。

アメリカにおける消費者教育は、個人の自立と家族関係をベースにして、先に述べた3つの概念「意思決定」「資源管理」「市民参加」に関わる学習となっています。また、周囲との人間関係や社会と自分の消費生活とのつながりに配慮できる消費者の育成をめざしているといえるでしょう。

近年では、PBL (Problem-based Learning)[22]に基づいた協同的な学習形態を導入し、より実践的なプログラムを展開しているケースも散見されます。

たとえば、オハイオ州カリキュラムガイドには、問題解決スキルが組み込まれており、実践的推論プロセスを"REASONモデル"として、(1) R = Recognize（問題の認識）、(2) E = Evaluate（情報の評価）、(3) A = Analyze（選択肢と結果の分析）、(4) S = Select（最良の選択）、(5) O = Outline（計画概要の記述と実行）、(6) N = Note（行動の記録）の6段階で提示しています[23]。

オハイオ州立大学の教員でカリキュラムガイドの作成に尽力したジャネット・ラスター (Janet F. Laster)[24]は、批判的思考を育成するために協同的な学習を重視します。教室は、生徒にとってリアルなコミュニティです。したがって、教員自身が"民主的"に振る舞うことで、教室を公平・公正な学びの空間として保障しなければなりません。それが、シティズンシップを育てる大前提になるのです。

今日のヨーロッパにおける消費者教育の原点は、1981年にEC閣僚会議で決定された基本政策「学校における消費者教育 (Consumer Education in Schools)」に見ることができます。ここでは「消費者教育とは、学際的な科学的アプローチに基づいた、単なる知識の受け売りという伝統的教授方法を超えた、批判的思考能力の開発に力点をおいたアプローチが強調されるものである。また、消費者教育とは、環境、エネルギー、資源開発を含んださまざまな社会問題に対する消費者の責任の認識と、市民の責任性を再確認するものでなければならない」[25]と述べられており、ECにおける消費者教育の定義ともいえるでしょう。

	アメリカ型消費者教育	ヨーロッパ型消費者教育
消費者教育の特徴	(1) 独立教科 (2) 経済教育的視点が前面に出され、教育学的研究は表面化されていない傾向 (3) 批判的思考を含む「意思決定能力」の開発に重点 (4) 経済における役割の行使が目標（権利に軸足）	(1) さまざまな教科により統合された学際的教科 (2) 教育学的視点が前面に出され人間学的・社会学的・心理学的方法で研究される傾向 (3) 「批判的思考力」の開発に重点 (4) 環境等責任ある市民の育成が目標（責任に軸足）
重視される点	経済教育に軸足をおきモノ（カネ）、コトとの関係性にウェイトがおかれる〔自立〕	消費者の権利と責任に必要な基礎力・実践力の形成にウェイトがおかれる〔自立・共同〕

Globalization   Citizen-Ship
↕   ↕
Fair-Trade   Eco-Money・生活通貨

図5-2　アメリカ型とヨーロッパ型消費者教育の比較
(大原明美・長嶋俊介（2003）「北欧諸国の学校における消費者教育――教員養成資料に見るその理論と実践」『消費者教育』Vol.23, p.173；日本消費者教育学会，表4より抜粋)

　図5-2は、アメリカ型消費者教育とヨーロッパ型消費者教育の特徴と重視している点について、比較・整理したものです。それぞれの地域特性や社会状況が反映されています。
　ヨーロッパの消費者教育は、北欧が牽引してきました。現在の北欧を中心としたEUにおける消費者教育の教育概念は、世界的にも持続開発可能な社会実現をめざした消費者教育モデルといえます。
　20世紀終盤、ヨーロッパにおける消費者教育推進のための共通モジュールが検討され、2001年に「消費者教育のヨーロッパモジュール（EUROPEAN MODULE FOR CONSUMER EDUCATION）」（表5-4）が、教員用の指導資料として編集されました。「学力」として提示されているのが、「知識」「スキル」「価値」「態度」です。教育目標は消費者のニーズや判断基準を構成する要素で成り立っており、行動に変化を起こす意思決定への働きかけによって、環境と社会の課題に臨もうとしています[26]。

第5章　消費者教育をとおして育てるシティズンシップ

表5-4　消費者教育のヨーロッパモジュールに見られる「学力」

項目	具体的な内容
知識	・消費者としての権利と義務の理解 ・世界経済のしくみの理解と気づき ・必要に応じた知的で賢明な選択のための消費行動に影響を与えるものに対する意思決定者としての知識の深化 ・個人経済と環境と世界経済に良い影響を与える消費者の選択に対する理解 ・消費の問題への気づきと問題解決能力の展開 ・利用可能な消費者情報の統合
スキル	・情報を評価し根拠を説明できる ・マスメディアから情報と広告が選択できる ・特定の行動の有無による結果がわかる ・注意深い買い物をする ・情報を探す ・批判的思考を展開する ・矛盾を分析し突き止める ・ラベルではなくそのものの本質を正しく理解する ・より理性的な消費に向けて他者に影響を与えることができる
価値	・自覚的消費者であるとする意志 ・共同的思考 ・社会と環境への連帯意識 ・グローバルな関心 ・家族や友情など買うことのできない多くの重要な価値あるものがあるとの自覚
態度	・進んで情報選択をする ・進んでわれわれ自身と他者の権利を守る ・商品の過剰消費に対する振り返り ・消費に関する規制を考えるための率直な態度 ・連帯意識 ・消費行動の結果に対する正しい理解 ・浪費に対する消費者としての自覚 ・消費者情報源の適切な利用 ・商品とサービスを製造する人々への敬意 ・日々のエネルギー活用に対する責任ある態度

（日本消費者教育学会（編）（2005）『消費生活思想の展開』税務経理協会，pp.244-245に基づいて作成）

第3節 消費者市民社会の実現へ向けて

(1) 消費者市民社会とは

　平成20年版「国民生活白書」では、これからのめざすべき社会のあり方を"消費者市民社会"と表現しています。これは、"消費者市民（Consumer Citizen）自らの消費行動をとおして、変革を実現させていく社会"のことです。言い換えれば、「個人が、消費者・生活者としての役割において、社会問題、多様性、世界情勢、将来世代の状況などを考慮することによって、社会の発展と改善に積極的に参加する社会」[27]であり、「そこで期待される消費者・生活者像は、自分自身の個人的ニーズと幸福を求めるとしても、消費や社会生活、政策形成過程などを通じて地球、世界、国、地域、そして家族の幸せを実現すべく、社会の主役として活躍する人々」[28]です。

　内閣府「国民生活選好度調査」（2008年）[29]によれば、「自分の消費行動で社会は変わる」と「思う（58.9％）」「思わない（13.4％）」「わからない（27.6％）」で、およそ6割の人が肯定[30]しています。こうした意識の現れが、消費者市民社会の形成には必要というわけです。

　白書では「消費者市民社会」実現のキーワードとして、「消費者市場行動」「社会的価値行動」「幸福の探求」を挙げています。

　「消費者市場行動」は、〈経済主体〉としての消費者が、費用対効果や費用対便益の高い商品・サービスを選択・購入することによって、公正な市場をつくる行動を意味しています。具体的には、"円投票"（142ページ参照）、適正な商品情報の収集・活用・発信、適切な苦情の申し立て、消費者被害救済の要求などが該当します。

　「社会的価値行動」は、〈社会変革の主体〉としての消費者が、社会の問題解決、困窮者への支援や人々や社会とのつながりを重視し、社会に貢献する価値を生み出す行動のことです。具体例を挙げれば、社会的責任投資（SRI）[31]、フェアトレード製品の購入（コラム参照）、グリーンコンシューマー

第5章　消費者教育をとおして育てるシティズンシップ

としての環境配慮行動などです。

　白書は、「消費者市民社会は心のゆとりと成熟した社会をもたらすもの

【コラム】フェアトレード一考

　フェアトレードとは「公平・公正な貿易」のことですが、国際的フェアトレード・ネットワーク FINE（Note 1）では、以下のように説明しています。

　　フェアトレードは、対話、透明性、敬意を基盤とし、より公平な条件下で国際貿易を行うことをめざす貿易パートナーシップである。特に「南」の弱い立場にある生産者や労働者に対し、よりよい貿易条件を提供し、かつ彼らの権利を守ることにより、フェアトレードは持続可能な発展に貢献する。フェアトレード団体は(消費者に支持されることによって)、生産者の支援、啓発活動、および従来の国際貿易のルールと慣行を変える運動に積極的に取り組む事を約束する[32]。

　FLO（Fairtrade Labelling Organizations International）[33] は、各国でバラバラだった認証ラベルを、2003年に図（FLO ウェブサイトより引用）のように統一しました。国際フェアトレード基準を満たしていると認められた生産者、取引事業者が、ラベルの使用を許可されています。この基準は、原産国で生産されてから、たとえば日本で店頭に並ぶまでのプロセスで決められています。

　平成20年版「国民生活白書」によれば、日本は国際的に比較してフェアトレードラベル製品の売り上げは非常に少なく[34]、2007年で約10億円（アメリカ・イギリスの100分の1以下）にとどまっています。

　さて、あなたはフェアトレード製品を買いますか？　それはなぜですか？

でもなければならない」とし、消費者市民として、いきいきとした社会を築くためには、"心のゆとり"とバランスが必要と述べています[35]。

(2) 消費者市民になるために

では、消費者市民になるために、具体的には何をめざしたらよいのでしょう。いろいろな考え方があるはずですが、筆者は以下の4点を挙げたいと思います。一部、学校教育における実践例も紹介しますので、参考にしてください。

① 企業を育てる"眼"を養う

消費者市民には、企業を育てる"眼"を持ってほしいと思います。消費者は、消費行動をとおして、企業に対する意思表示が可能ですから、"買わない"権利も行使できるわけです。かつての日本の消費者運動でも、不買運動が功を奏したことがありました。企業は、商品が売れなければ利潤の追求はできません。

消費行動は、選挙の投票にたとえて"円投票（経済的投票権の行使）"ともい言われます。消費者が「どの企業の、どの商品を買うか」は、「どの企業の、どの商品に投票するか」と同義なのです。消費者が購入（投票）した企業は、その商品は、「もっと造っていい」という消費者からの承認を獲得し、購入（投票）しなかった企業は、その商品の製造・販売を拒否されたことを意味します。

そのためには、製造・販売活動以外の企業活動に関心を持つことも重要です。どのような社会貢献活動をしているのか、文化・芸術への支援活動であるメセナはどうなっているのか、製造・流通過程における環境保護への配慮はあるのかといったCSR（Corporate Social Responsibility）[36]にも注目する必要があります。アメリカの"Shopping for a Better World"[37]は、環境問題への対応や寄付、社会貢献、女性やマイノリティの雇用、情報公開、軍需産業への関与、動物実験等の項目で企業を評価し、A～Fでランク付けした結果を公表している雑誌です。こうした情報を手がかりにし

て、消費者が購入＝投票する権利を行使するわけです。

② **良質なクレーマーになる**

　大多数の人が、クレーマーと聞くと、暗黙のうちに"悪質な"という修飾語を付けるのではないでしょうか。悪質なクレーマー、つまり、理不尽な文句を言ったり、言いがかりを付けたり、難癖を付けてごねたりする人が、クレーマーだと思っていないでしょうか。

　"クレーム"・"クレーマー"の本来の意味は、次のようです。

- クレーム（Claim）：（何か当然のことを）主張する、（法的な権利を）要求する、（正当な理由のもとに）金銭を請求する
- クレーマー（Claimer, Claimant）：主張者、要求者、請求者

　たとえば、未払いの賃金を払ってほしいと主張することが「クレーム」で、そういう正当な要求をする人が「クレーマー」なのです。暗黙裡に"悪質な"を付ける意味で用いられるようになったのは、マスコミ業界が発祥だといわれています。いつの間にか本来の意味を凌駕して業界用語が流通してしまったため、本来の意味で用いたい場合にあえて"良質な"クレーマーと表現せざるを得ません。

　そう、良質なクレーマーをめざしてください。正当な要求をし、法的な権利を主張することに、躊躇する必要はありません。不利益を回復し、正しい状態に戻すことに遠慮はいらないのです。

　良質なクレーマーになることは、企業活動を正規の状態に軌道修正させることにもつながります。企業に苦情を申し立てるだけの存在から、改善すべき情報の提供者へと視点を転換させ、厳しい"監視者"であると同時に温かい"応援者"になることが期待されます。

　中学校技術・家庭（家庭分野）の教科書（開隆堂出版、2010）には、「ポテトチップスの表示を変えた中学生のAさん」（p.203）のクレーム体験事例が紹介されています。

　塩分の少ないポテトチップスを購入しようとしたAさんは、表示に「う

す塩」と「うす塩味」の2種類があることに気づきます。塩分量の規定があるのは「うす塩」のみで、「うす塩味」にはその条件が適応されません。

　ところが、N社の「うす塩」表示の商品は、規程の塩分量を超えていました。このことを発見したAさんは、N社に問い合わせをします。N社はミスを認め、パッケージの表示は「うす塩」から「うす塩味」に改正されました。中学生であっても、表示のミスを企業に指摘したことで、正しい表現に改めさせることができた事例です。

③　プロシューマーをめざす（コラム参照）

　プロシューマー（prosumer）[38]は、アルビン・トフラー（Alvin Toffler）が彼の著書である『第三の波（The third wave）』[39]のなかで表現した造語です。一般的には、「生産者：プロデューサー（producer）」＋「消費者：コンシューマー（consumer）」＝製品の企画・開発・生産プロセスに参加する消費者、を意味しています。

　本の出版から四半世紀を経て、プロシューマーの出現は果たしてトフラーの予言どおりになりました。目端の利く企業は、プロシューマーの動向に注目しています。消費者の意見を導入した製品の企画・開発によって、多様化した消費者のニーズに対応しようとする企業にとっても、メリットは大きいのです。

【コラム】インターネットがプロシューマーを育てる

　ウェブサイト「空想生活」[40]は、消費者が商品のアイデアを提供する場をインターネット上で企業が提供したサイトです。"きっかけ"として「本当にほしいものほど売っていなかったりする。世の中にないのなら、自分たちでつくってしまえばいいんじゃないか？」と呼びかけます。

　コンセプトは、以下に示すとおりです。

　　「ほしいものがほしい！」空想生活は、シンプルだけれどもとても大事なこと＝ユーザーが本当に望んでいる商品をつくっていく

> サイトです。デザイン、機能、使い勝手、値段、さまざまな視点から検討し、ユーザーの応援を募りながら、メーカーそしてデザイナーとともに商品化をめざします。
> 　あなたと一緒に、少しでもたくさんの HAPPY をつくりたい。未来の生活を快適なものに変えていきたい。ひとつでも多くの CUUSOO を実現させて、皆さんと一緒に楽しい生活をつくっていきたいのです。
>
> 　プロシューマーは、まず【「あったらいいな」を発見】し、【アイデアを投稿】します。形式は文章、スケッチなど自由です。そのアイデアに基づいて、サイトのユーザーが【デザインを提案】し、【仲間を集め】ます。アマチュアもプロも関係なく、提案されたデザインに意見を出し合い、商品化をめざします。商品化へ向けた「空想商品」はインターネットで公開投票されます。ニーズ（投票数）が多かった商品についてメーカーが【商品化を検討】し、条件が整ってオファーがあれば商品化される可能性が見えてくるわけです。商品化が進められるプロセスは、「空想TV」と呼ばれるページで紹介されています。
> 　「空想ストア」での仮予約数が販売に必要な数を満たさなければ、商品化が見送られるものもあります。
> 　消費者が主体的・積極的にものづくりに関わり、アイデアを伝え、賛同者を集め、商品化する。まさにプロシューマーとしての活動です。こうした取り組みは、インターネットの普及によっていっそう容易になりました。

　販売店の店員が、プロシューマー的な役割を果たす例もあります。
　高齢者向けの四輪式ショッピングカートを売り出したところ、手にとってころがしてみる消費者はいるものの、なかなか売れません。そのカートは明るいチェック柄でした。あまりにも売れないので店員が尋ねたところ、消費者いわく「チェック柄はどうも……黒があればほしいのだけれど、な

いんでしょう？」このやりとりが何回か重なりました。

　ショッピングカート自体に対するニーズはあるのです。問題は色柄のみで、機能に問題はない。あなたが店員だったら、どうしますか？　ないものはしかたがないとあきらめますか？　彼女は、メーカーに黒のショッピングカートを作るよう要望し、商品化が実現したところ、大ヒットしたそうです。

　彼女は複数の消費者の声を間接的にメーカーに伝え、利益に結びつけたといえます。しかし、いまや、インターネットの普及が流通・販売を媒介させずに、生産者と消費者を直接つなぐツールとなったのです。こうして直接伝えるすべを手に入れた消費者は、本当にほしいなら、必要なら、プロシューマーとして主体的に生産活動に関与すべきです。

　中学校の技術・家庭（家庭分野）には、企業と連携して、自分たちでオリジナルスニーカーをデザインしたり、地域の特産である布（松阪もめん）を使って作った作品を実際に販売したりする「プロシューマーを育てる」ことをめざしたユニークな授業実践[41]もあります。

④　批判的リテラシーを身につける

　序章ならびに本章第1節でも説明したように、"批判的思考"は消費者教育における重要なキー概念です。また、シティズンシップを育てる上でも不可欠といえます。

　筆者は、批判的リテラシーを「ものごとを、偏見や思い込みにとらわれず論理的に考え、よりよい解を求めようとする（批判的）思考を生活の場面で活用する総合的な能力」[42]ととらえます。消費生活では、科学的知識と批判的リテラシーを身につけていることが、家族や自分自身の財産のみならず、いのちを守ることにもつながるのです。

　消費生活の場面における批判的リテラシーは、多様な情報から適切なものを取捨選択し、それに基づいてさまざまな観点・条件から選択肢を吟味し、合理的に判断する能力のことであり、さらには、自分の決定を"省察的に"振り返る力も含まれます。

　小学校の家庭科で学ぶ「お金やものの使い方」は、自分の日常生活を"批

判的に"問い直し、よりよい生活をめざして、あるいは発見した問題の解決をめざして意思決定し、その結果を"省察的に"振り返る実践[43]として組み立てることができます。その成果を、自己から社会へ視野を拡げるかたちで展開すれば、シティズンシップに結びつくでしょう。

第4節 消費者教育の実践例に見るシティズンシップ

(1) 小学校における実践の概要

　学校教育における消費者教育は、家庭科と社会科を軸に展開されています。これまでにもいくつか紹介してきましたが、特に家庭科の果たす役割は大きく、そのなかでシティズンシップを育てる学びが期待できます[44]。
　以下、2008年12月から2009年1月に実施された三好・奥谷実践について、詳しく見てみましょう[45]。
　テーマは「1食分の献立を考えて作ってみよう」です。卒業間近な6年生が対象です。今まで学んできた栄養に関する知識や調理技術を活かして、お弁当の献立を考えて、計画的に食材の買い物ができることをめざしました。家庭科で展開する消費者教育には、具体的な生活場面を取り上げる点に特徴があります。ここでは食生活のお弁当づくりがテーマです。学習過程を表5-5に示します。

(2) 実践の背景と特徴

　小学校の行事で子どもたちが持ってくるお弁当のほとんどに、冷凍食品が入っています。冷凍食品は、朝の忙しい時間のお弁当づくりに欠かせないものとして定着しています。手間が省け、短時間ででき、彩りもきれいですし、すべて手作りするより安い場合もあります。その一方で、「中国産の冷凍食品は心配」という子どもの声も聞かれます。実践時点の1年前に発生した中国産のいわゆる「毒入り冷凍ギョーザ事件」の記憶もあり、

表5-5 学習過程

学習テーマ	学習内容
1．お弁当づくりに向けて、食生活を振り返ろう（4時間）	①自分のお弁当を振り返る 　普段食べているお弁当に入っているおかずを思い出し、そのおかずが選ばれる理由を考える。 ②お弁当づくりに向けて 　つくってみたいお弁当を考える。献立や作り方、材料など、お弁当づくりに欠かせない要素を整理する。 （家庭課題） 家族にお弁当づくりのコツやおかずのレシピをインタビューしよう。 ③家族に聞いたお弁当づくりのコツを紹介しよう 　家族に聞いたお弁当づくりのコツを紹介しあい、クラス全体で共有する。特に材料に関する情報は、今後の買い物の参考とする。 ④冷凍食品について考えよう 　お弁当に使われている冷凍食品のパッケージから、情報を読み取る。
2．献立を考えよう（3時間）	⑤お弁当の献立を考えよう 　お弁当の献立を班ごとに決定する。 ⑥栄養士の先生は給食の献立をどうやって決めているのだろう？ 　栄養士の先生をゲストに招き、給食の献立を考えるポイントを学ぶ。 ⑦お弁当の献立を見直そう 　栄養士の先生の話をもとに、献立を見直す。
3．材料を準備しよう（3時間）	⑧買い物の計画をたてよう 　献立から必要な材料を割り出し、予算（1,000円）内に収めるように計画を立てる。 ⑨買い物ゲームをしよう 　予算300円で班全員分の野菜炒めをつくる、というシミュレーションのもとで買い物ゲームを行う。 ⑩買い物の計画を見直そう 　ゲームの体験をもとに、献立や購入する材料が妥当か班で話し合う。
4．お弁当をつくろう（2時間）	⑪買い物に行こう！ 　近所のスーパーへ買い物に行く。各班で行動し、必要な材料を購入する。 ⑫いよいよお弁当づくりだ！！ 　お弁当の調理実習を行う。給食の代わりに自分たちがつくったお弁当の試食会を行う。
5．お弁当づくりを振り返って（2.5時間）[46]	⑬お弁当づくりを振り返って～企業に電話してみよう！～ 　お弁当づくりの授業全体を振り返り、お弁当づくりのコツや、家族とお弁当の関わりに目を向けさせる。また、冷凍食品について気になったことを企業に直接問い合わせる。

（奥谷めぐみ・三好由紀・鈴木真由子（2010）「お弁当づくりをとおして学ぶ消費者の役割」『教科教育研究』第9巻を一部修正）

食の安全性に対する漠然とした不安感がうかがえます。

そこで、お弁当づくりに関わらせて冷凍食品を取り上げ、パッケージ情報の読み取り④を組み込みました。また、学習全体の振り返り⑬の際、④で読み取った情報に関する疑問を、直接企業に問い合わせる機会を設定しました（表5-5網掛け）。次項で述べるように、この2点がシティズンシップに結びつく学習として位置づけられます。

この実践の、もう1つの特徴について補足しておきます。

授業は、問題解決のプロセスである「ⅰ 問題への着目」⇒「ⅱ 問題の特定」⇒「ⅲ 解決のための選択肢の検討」⇒「ⅳ 決定と行動」⇒「ⅴ 結果の振り返り」（⇒「ⅰ′問題への着目」……）を意識した構造になっています。

【1．お弁当づくりに向けて、食生活を振り返ろう】には「ⅰ 問題への着目」から「ⅱ 問題の特定」までが、【2．献立を考えよう】と【3．材料を準備しよう】には「ⅲ 解決のための選択肢の検討」が、【4．お弁当をつくろう】には「ⅳ 決定と行動」が、【5．お弁当づくりを振り返って】には「ⅴ 結果の振り返り」が、それぞれ該当しています。さらに、授業全体の大きな流れのなかに、【2．献立を考えよう】と【3．材料を準備しよう】には、スモールステップとしての問題解決のプロセスが組み込まれている、複層的な構造になっています。

このように、自分の決定を問い直す学習場面を繰り返し体験することが、批判的リテラシーの習得につながると考えます。批判的リテラシーが、シティズンシップを育てることと大きく関わっていることは、これまで述べてきたとおりです。

(3) 三好・奥谷実践とシティズンシップのかかわり

④ **冷凍食品について考えよう**

教材は、A社、B社、2種類の冷凍食品（鶏から揚げ）です。子どもは、冷凍食品のパッケージから得られる情報を手がかりにして、どちらの鶏から揚げを選ぶか考えます。

子どもは売り手（食品メーカー）と買い手（消費者）に分かれます。売り手

はさらに2つの冷凍食品会社に分かれ、自社製品をいかに消費者にアピールするか作戦を立てます。後でセールスポイントを直接買い手に訴えるため、一生懸命他社製品よりも優れている点を探します。

　A社：着色料や保存料は一切使っていないから安全です。地元大阪で作っています。
　B社：自然解凍OKだから、手間が省けて便利なだけでなく、電気代の節約にもなります。カロリーも控えめです。

　買い手側は、A社、B社どちらの冷凍食品を購入するか話し合います。パッケージから内容量、原産地、安全性、利便性などの情報を探しますが、写真やイラストにも惹かれます。中身は見えませんし、食べたことがないものを比べて選ぶわけですから、"見た目"（デザイン）も貴重な情報だと気づきます。
　2社のアピールを聞いた後、買い手側がどちらを選ぶか意思決定するために質問タイムが設けられています。

　Q：原産国の表示が書いてないけど、大丈夫？
　A：バーコードになっています。
　　　　　──教員が携帯電話を使って、バーコードリーダーで情報提示
　※子どものなかから、「買い物の途中で、いちいちこんなことして確かめる人なんて、いるのかなぁ。最初から書いておけばいいのに……」という疑問の声。
　Q：「認定証」マークの意味はなんですか？
　A：（教員が準備した資料をもとに）日本冷凍食品協会の認定基準に合格しているという証拠です。

　批判的にパッケージを比較することで、これまであまり意識しなかった商品選択の"癖"が見えてきます。また、売り手の側に立つ、つまり日常とは視点を転換させることで、企業が伝えたい情報と、消費者が知りたい

第5章 消費者教育をとおして育てるシティズンシップ

情報が、必ずしも一致していないことに気づきます。なかには、「大事な情報なのに、文字が小さすぎて高齢者には見えにくい」「小さい子どもはイラスト入りのパッケージを見たら、かわいくて美味しそうだから、こっちを選ぶ」といったように、さまざまな消費者の存在を考慮する発言もありました。

企業と消費者という異なる立場で考え、分析した視点を相互に共有することで、情報に含まれた企業側の意図を認識し、商品選択における自分の価値基準を再確認する機会になったといえるでしょう。

⑬ お弁当づくりを振り返って —— 企業に電話してみよう！

この時間は学習のまとめにあたります。これまでの活動を振り返り、実際に自分たちでお弁当をつくってみて、改めて冷凍食品のパッケージを批判的に問い直し、疑問点を整理します。教員はA社の消費者窓口（お客様相談センター）にあらかじめ連絡し、子どもからの質問に対応してもらえるよう依頼しておきます。

以下、A社のパッケージについて、子どもから出た質問・意見です。

・認定証マークを表につけたほうがいいんじゃない？
・産地の人の顔を載せたらいいと思う。
・電子レンジとオーブントースターの仕上がりの違いを紹介してほしい。
・どうして鶏肉の産地をださないんですか？
・6個入りなのに、なんで（個数が）飛び飛びに作り方表示がされているの？
　※裏面調理例が、すべての個数に対応していなかったことを指摘している。
・『写真はイメージです』みたいなことが書いてない。
・（キャッチコピーの）「やわらかジューシー」は人の感じ方によって違うと思う。

授業時間の都合上、すべての質問・意見は採用できなかったため、実際

に問い合わせたもの3つに下線を引きました。全員にオペレーターの声を聞かせるため、携帯電話の音声が教壇のスピーカーから聞こえるように設定しました。代表者3名が、それぞれ1つずつ尋ねます。教員が繰り返し説明を行う等、全員が回答を共有できるよう配慮しました。

　子どもたちが、オペレーターをとおして社会（企業）と直接関わった瞬間です。彼らは、企業から消費者として対応され、ていねいに質問に答えてもらったこと、自分たちの意見が消費者からの提案として真摯に受け入れてもらえたことに、率直に感動しています。

　生活経験が乏しい子どもたちが、消費者としての立場を自覚し、主体的に振る舞うことは簡単ではありません。しかし、こうした実践によって、消費者として社会参加することができるという意識に結びついたのではないかと考えます。特に、認定証マークの位置についての提案にオペレーターが「会議に諮りたい」と回答したことによって、大いに刺激を受けたようです。消費者からの発言が、企業の販売活動に採用される可能性を実感し、歓声も上がりました。消費者が、プロシューマーとして行動した結果が、消費生活の改善や問題の解決につながる可能性を認識できたのではないでしょうか。

第5節 おわりに

　本章では、消費者教育をとおして育てるシティズンシップについて述べてきました。消費者市民社会への移行は、簡単な道のりとは思えません。インターネットがもたらした劇的な生活の変化に対応できていない人たちもいます。ヴァーチャルな世界のなかで、目に見えないデータの売買に翻弄されたり、何に対してお金を支払っているのか自覚のないまま支払いに応じたり、被害者と加害者がボーダレス化したり。立法化はトラブルの後追いです。

　そうしたなかで、今後必要とされるのは「倫理的な消費者」だと考えます。情報モラルとは何か、環境モラルとは何かについても意識できる消費

第5章 消費者教育をとおして育てるシティズンシップ

者が求められるといえるでしょう。自分の消費行動が、他者・社会・環境にもたらす影響を、ローカルかつグローバルに推測した上で、公平・公正な判断ができる消費者になることが、消費者教育をとおして育てるシティズンシップではないでしょうか。

【さらに学びたい人のための読書案内】

オスラー、A.・スターキー、H. ／清田夏代・関芽訳（2009）『シティズンシップと教育 —— 変容する世界と市民性』勁草書房

鈴木崇弘ほか（編著）（2005）『シチズン・リテラシー —— 社会をよりよくするために私たちにできること』教育出版

日本家庭科教育学会（編）（2007）『生活をつくる家庭科第3巻　実践的なシティズンシップ教育の創造』ドメス出版

大学家庭科教育研究会（編）（2004）『市民が育つ家庭科』ドメス出版

日本社会化教育学会（編）（2008）『東アジアにおけるシティズンシップ教育』明治図書

第6章　シティズンシップと学校教育

園田　雅春

　本章では、学校におけるシティズンシップを育む諸活動、わけても特別活動、総合的な学習の時間を中心に、その可能性について考察していきます。

　その際、まず大切な観点を2つ掲げておきたいと思います。ひとつは、子どもがシティズンシップについて知識理解するための学習機会の保障です。もうひとつは、子どもが実際に活動できる場の保障です。

　学習機会については、社会科を中心とする学年段階に応じた系統的な学習にその可能性を求めることができます。一方、子どもが活動できる場の保障については、総合的な学習の時間・特別活動に限らず、あらゆる教育活動の場にその可能性を見いだすことはできます。その場合「まず知識理解のための学習ありき」で、その後に活動の場が保障されるという方向性だけではなく「まず活動の場ありき」で、子どもが活動参加することを通じてシティズンシップについて体験的に学ぶという方向性も十分考えられます。ここに「子どもの参加」という課題が、ひとつのキーワードとして浮かび上がってきます。

　ここでいう参加とは広義の参加を意味し、参会・参観・参与・参画・参入などを含みますが、本章ではこの重要課題について、学校教育の場ではどのような展開が可能なのか、現状を踏まえながら考えていきたいと思います。

第1節 子どもとシティズンシップ

(1)「子どもの権利条約」とシティズンシップ

「子どもの参加」に関して、今日的な意味理解を深めるための大きな手がかりがあります。それは1989年11月、第44回国連総会において採択された「児童の権利に関する条約（子どもの権利条約）」です。この条約は、子どもが生存・発達・保護・参加の4つの包括的な権利を持つ主体であり、それらを批准国が守るよう定めています。この点について、日本ユニセフ協会では次のような興味深い解説を行っています。

(1) 生きる権利：防げる病気などで命をうばわれないこと。病気やけがをしたら治療を受けられることなど。
(2) 育つ権利：教育を受け、休んだり遊んだりできること。考えや信じることの自由が守られ、自分らしく育つことができることなど。
(3) 守られる権利：あらゆる種類の虐待や搾取などから守られること。障害のある子どもや少数民族の子どもなどは特に守られることなど。
(4) 参加する権利：自由に意見を表したり、集まってグループをつくったり、自由な活動を行ったりできることなど。

このようなわかりやすい表現は、権利主体である子どもに対して配慮されているからですが、この条約は1990年に発効し、その4年後の1994年に日本でも批准され、今日に至っています。いうまでもなく、批准された条約は法的拘束力を持つ国際法として、国連加盟国それぞれが共有されるべきものです。

ここで、特に「参加する権利」について着目してみましょう。同条約12条は、次のようになっています。

第6章　シティズンシップと学校教育

　1．締結国は、自己の意見を形成する能力のある児童がその児童に及ぼすすべての事項について自由に自己の意見を表明する権利を確保する。この場合において、児童の意見は、その児童の年齢及び成熟度に従って相応に考慮されるものとする。（日本語公定訳・外務省）

　この12条に明記された子どもの権利は、まず「子どもが権利の保有者として認められるための象徴ととらえうる権利」（2006年9月国連子どもの権利委員会第43会期）として理解され、子どもは意見を聴かれるべき権利主体である、としてこれの保障をいかに行うかが今日的な課題とされています[1]。

　具体的には、学校や子どもにサービスを提供する諸機関では、内容や活動に関わる決定について、子どもの参加・意見表明が促進されるよう、子どもと協議する恒常的な場をどのように適切に確保するか、ということが今日の具体的な問題として求められているのです。

　ただし、第12条では「その児童の年齢及び成熟度に従って相応に考慮されるもの」とされています。この点がしばしば「未熟な子どもに参加は困難だ」「いや、子どもこそが権利の主体者だ」と意見が2分されるところとなりがちです。しかし、この点についても、子どもの権利条約の4本柱とされている事柄によって、展望を開くことが可能です。

　その4本柱とは先述のとおり、生存・発達・保護・参加とされていますが、ここに有効な手がかりが内包されています。すなわち、子どもの権利である参加・意見表明をいかに促進するかという観点に立って、子どもが参加しやすいように、いかにその年齢の子どもを保護し、生存・発達の保障を適切に行うべきか、ということなのです。

　ところが、現実には「社会に参加する子どもの権利を認めない一部の伝統的および文化的態度」が存在しているために、子どもの社会参加については「社会的雰囲気」を形成する有効な啓発活動が必要とされています。

　このような社会的風土や慣習が存在することは、日本においても決して例外ではありません。われわれの周辺には「まだ子どもだから」「子どものくせに」と頭ごなしに子どもの意見表明や参加を封じる風潮や意識、さ

らには「子どもの使いではないのだから」「小学生の学級会じゃあるまいし」などの差別的なメタファーに象徴される固定観念が今日なお多々存在しています。子どものシティズンシップを育む上で、このような現実とどう向き合うかということは、とても重要な課題といわざるをえません。

(2) 子どもの表現に見る「意見表明権」

ここに、子どもの象徴的な詩があります。

　　くちごたえ

　　　　　　　　　　　　　　　　　　　　　ないとうゆうこ
　　わたしがなんかいうと／おかあさんは／「くちごたえしてはいけません」
　　とおこります
　　せんせい／くちごたえってなんですか
　　わたしは／いけんをいっているだけです[2]

　これは子どもと母親のやりとりが描写されていますが、このように納得のいかないことを子どもたちは家庭内に限らず、社会生活のなかで少なからず体験しているにちがいありません。子どもの意見表明を、おとなが「くちごたえ」としかとらえないような事実が蓄積されていくと、やがて子どもは無力感をいだいて「言えなき子」へと徐々に落ち込んでいくかもしれません。しかし、この詩を書いた子どもの場合は泣き寝入りするのではなく、そのような日常体験の一コマを表現していることにまだ救いが感じられます。ただ作品として完結させてしまうだけではなく、重要なことはこれを書いてきた子どもに対して、教師がどのように積極的なフォローを行うか、というところにあります。

　したがって、シティズンシップを育む営みは、テキストのなかや活動の場だけにあるのではなく、こうした日常生活のなかにつねに横たわっているという点を認識しておきたいものです。

　さらに、次のような子どもの意見にも注目すべきだと思います。

第6章　シティズンシップと学校教育

子どもでも

細見貞夫

　おかあさん、この前、晩ごはんのとき、ぼくが「改進党は憲法をかえて、再軍備しよる。自由党は、憲法はかえるいうとらへんけど兵隊みたいなものをどんどんつくりよる。社会党は、再軍備には反対しよる。」いうたら、「子どものくせに、せんきょのこというな。」と叱られたが、あれは、ぼくにも考えんなんとこもあるけど、おかあさんも、考えなあかんで。昔からな、百姓は百姓のくせにとか、女のくせにいらんこと考えなだまって働け、いうてだまされて来たんやで。百姓でも、女でも、子どもでも考えんとあかんのやで[3]。

　これは今から半世紀以上前の1955年に出版された小西健二郎の『学級革命』のなかに取り上げられている5年生の子どもの文章ですが、子どもの正当な意見表明には敬服してしまいます。子どもの「年齢や成熟度」という問題について、まずおとなの方が固定観念や偏見をふり捨てるべきだとさえ思わせられる内容です。戦後民主教育の実践が学校で積極的に推進されている時代に、小西はこのような子どもの表現を鋭く取り上げて、保護者に対して次のようなコメントを発しています。

　　そのほか、例はいくらでもあります。子どもたちは、新らしい見方なり、考え方を子どもなりに次第に身につけて、おかあさんや、おとうさんの姿を見ています。
　　たとえば自分の意見をはっきりいわれるおかあさん。ニュースを真剣に聞いてくださるおかあさん。内灘など、いろいろな社会問題にも関心を寄せてくださるおかあさん。子どもたちは、そんなおかあさんの姿を見て、やっぱりうちのおかあさんはと思ってよろこんでいます。
　　もちろん、なにもかも一度にというわけには参りませんが、少しずつ新しい考え方、姿にかわろうと努めてくださるおかあさんを、子どもたちは尊敬するでしょう。そこに新しい意味での親の権威も生まれてくるのだと思います。

子どもたちの幸福をさまたげる大きな壁の一つは、おとうさん、おかあさん、そして家族の封建性にあるといわれています。子どものしあわせをねがうためにも、おかあさん自身のためにも、封建的な古い衣を、一枚一枚ぬぎすてて、民主的な、新しい考え方の衣に着替えて下さらなくてはならないと思うのです[4]。

　現代と時代状況が大きく異なるとはいえ、教師である小西は保護者への啓発を決しておろそかにしませんでした。特に、封建遺制の濃厚な地方において、厳然と存在する子ども軽視の考え方に対して、具体的な局面を通じて真正面から啓発を行っています。今日、その姿勢には学ぶべきものが多くあります。当時、学校がこのような姿勢を堅持して組織的に取り組んでいたと考えられますが、同時にその組織を構成する教師一人ひとりが教育活動の一環として、このような考え方を保護者に向けて強力に発信し続けていたという点は、歴史的な事実として特筆すべき事柄といえます。

第2節 地域社会・学校と子どもの参加

(1) 地域社会における子どもの参加とその意味

　今日の社会において、子どもの参加は実際どのように行われているのでしょう。ここで、ひとつの典型的な事例を探ってみたいと思います。
　滋賀県近江八幡市では子どもの参加による街づくりが推進されました。1996年に発足した「ハートランドはちまん議会ジュニア」事業では、たとえば公園をリニューアルする活動が計画され、広報誌を使って地元自治会に対して公募が行われました。その結果、2件の応募があり、子どもが地域住民にヒアリングを行い、A公園のリニューアルを決定しました。その後、地域の子どもがおとなと一緒に「アイデアの仕様書」を作成し、施工業者の決定まで行いました。業者が決まると、子どもが実際の公園づくりにも参加し、ベンチの組み立てや花の植え付けも行いました。これは子

どもの発想や意見をできるだけ採り入れて、より機能的で利用価値の高い公園を造り上げようとする試みです。それは、おとなにとっても行政にとっても、また費用対効果を考える上でも意味ある取り組みということができます。もちろん、それらを子どもの立場からとらえても、意見表明の場があり、表明した内容がおとなや社会に尊重され、希望した内容が現実のものとなるために、その達成感や喜びは計り知れないものがあるといえます。この「ハートランドはちまん議会ジュニア」事業のねらいについて、担当者は次のように述べています。「『子どもの、子どもによる、子どものための街づくり』をめざしています。現在11歳の子どもが10年後には21歳になるという大人育ても含んでいます。この町を愛し、この町を変え、この町を創っていく新しい風となれる市民づくりがこの計画の原点であり、将来はこのジュニア議員のなかから市長や市議会議員が誕生することを願って、今後とも息の長い取り組みを進めていきます。」[5]

ここで、子どもの参加について、その意味を改めて整理しておきたいと思います。子どもの権利等に詳しい平野裕二は、「子ども参加」には次の3つの側面があると述べています[6]。

① 基本的人権としての「子ども参加」
これは「子どもの権利条約」12条「子どもの意見の尊重」に示されているとおりですが、子どもに関わるすべての事柄について、おとなや行政サイドはつねに「子どもの席」を確保するという状態の維持が求められています。その結果、参加の実現、協議と民主的な決定の場にも加わることができること、さらには決定されたものがどのように正常に実現しているかを点検できること、次の改善への道が保障されていること。それらによって、子ども自身が社会実現への意味ある参加を経験することができることになります。

② エンパワメントの機会としての「子ども参加」
子どもは参加の経験を通じて自己認識を高め、自己概念を向上させていくことができます。また、異質な他者と出会い、協同的に課題に対処する

ことを通じて新たな学習刺激を得ることもできます。そのことにより、社会を構成する重要な立場を担っている主体としての自覚を高めることも可能です。これはまさしく生きる意欲の向上にもつながるため、子どものエンパワメントのための意味ある機会として、参加を位置づけることができます。

③ 社会形成・変革の資源としての「子ども参加」

子どもの参加を通じて、おとなや既存の社会が新たな視点や発想を得ることができるという点を見過ごすわけにはいきません。そのためにも、おとなや社会が子どもという存在と子どもの権利について認識を高め、同時代を生きる非対称なパートナーとして、子どもの主権をいかに尊重するかという観点を維持していく思想と行動が今後いっそう求められるところです。

「子ども参加」の今日的な意味について、平野が指摘する上記3点に加えて、さらにもう1点指摘することができると思われます。それは「子ども観の変革をもたらす『子ども参加』」という側面です。子どもの参加によって社会の形成や変革が推進されていく過程で、おとなは子どもの活躍する姿や意見表明の内容から「子ども力」の内実を目の当たりにすることができます。それは「子どもを見くびってはならない」「子どもに偏見を持ってはならない」ということを認識する好機となります。これは、とりもなおさず子ども観の変革を迫られる機会そのものということができます。

これら「子ども参加」の4つの側面を踏まえるならば、学校における教科学習やさまざまな活動を通じて、シティズンシップに関わる知識やスキルの習得、そして参加の場をいかに豊かに子どもに保障していくかということは非常に重要な課題となってきます。また、授業において「子どもの権利条約」そのものについて逐条的に学ぶ場を持つことも、欠かすことのできない教育機会です。

ところが、学校教育という意図的計画的な営為をとおして、シティズンシップを育んでいくためのカリキュラムの全体構成の検討、教科カリキュ

ラムと経験カリキュラムの充実化、また両カリキュラムの接合問題についても、まだまだ未整理な状態といわざるをえません。

　しかし、そのような全体像を構想するにしても、シティズンシップ教育の実践化はそんなに容易な問題ではありません。学校現場は多忙化し、時間的な余裕のないなかで教育活動のいっそうの肥大化が進行する昨今、またしてもシティズンシップ教育という新たな教育ジャンルが参入してくるのか、という理解のされ方では、これの実質的な学習と活動はとうてい期待できません。そこで、とりあえずは現行のさまざまな教育活動にシティズンシップの視点を流し込んでいくこと、あるいはその視点から教育活動を改革していくという方向性が、より実質的なシティズンシップ教育の推進につながるものと考えられます。

(2) 学校教育における子どもの参加の現状

　学校における教育活動は、実際のところ、学習指導要領に準拠した教科書というメニューに沿って、そのほとんどを教師がお膳立てし、子どもができるだけ円滑に口に運べるよう調理加工する、という流儀が学校文化として定着しています。特に、知識や技能の習得やその発展としての活用的学習については、教師があらかじめ準備を整えて、そのレールの上を子どもが走っていくことになりがちです。列車運行にたとえるなら、学習指導要領という目的地の明示された運行ダイヤがあり、それに則した定刻運転を行うためには、子どもは乗客として客室に。そして、列車の運転はその大方を教師が専門的に担うということになります。運転に子どもを参加させるわけにはなかなかいきません。なぜなら、それをすると時間が大幅にかかってしまい、列車の安全な定刻運行に大きな支障をきたすと考えられているからです。

　そのような学校文化の持つ傾向は、総合的な学習の時間においても例外ではありません。ここで、改めて総合的な学習の時間（小学校）について、学習指導要領ではどのように明記されているか見ていきましょう。

　まず、第1の目標は次のとおりです。「横断的・総合的な学習や探究的

な学習をとおして、自ら課題を見つけ、自ら学び、自ら考え、主体的に判断し、よりよく問題を解決する資質や能力を育成するとともに、学び方やものの考え方を身につけ、問題の解決や探究活動に主体的、創造的、協同的に取り組む態度を育て、自己の生き方を考えることができるようにする。」[7]

　また、第2の各学校において定める目標及び内容は「各学校においては、第1の目標を踏まえ、各学校の総合的な学習の時間の目標を定める」「各学校においては、第1の目標を踏まえ、各学校の総合的な学習の時間の内容を定める」となっています。

　このように、総合的な学習の時間は「自ら課題を見つけ、自ら学び、自ら考え、主体的に判断し、よりよく問題を解決する資質や能力を育成する」ことが目標であり、どのようにレールを引いて、どのような列車を走らせて目的地に到達するかということについては、例示はされているもののすべてが学校に委ねられていて、各教科の領域よりはるかに学校の裁量が大きいわけです。

　しかも、目標を示すわずか数行の文言のなかには「自ら」という文字が3回、「主体的」という文字が2回も出てきます。これは総合的な学習の時間が、子どもの積極的主体的な学習活動への参加で始まり参加で終わる領域であると考えてもまちがいではありません。もちろん「内容の取扱いについては、次の事項に配慮するものとする」として「各学校において定める目標及び内容に基づき、児童の学習状況に応じて教師が適切な指導を行うこと。」と明示されてはいます。子どもの「学習状況」に応じた教師の「適切な指導」が一切ないところで、子ども「自ら」「主体的な」学習活動を高めていくことには限界があり、子ども「自ら」「主体的な」学習活動を促進するために教師の「適切な指導」は必要だといえます。ところが、実態としては総合的な学習の時間のテーマ設定、活動の方向性、探究の方法、学習内容とその表現などにおいて、協議・決定など子どもの参加がどれだけ尊重されているかといえば、まだまだ不十分な状態といわざるをえません。それは次のデータを見ても明白だといえます。

　教員が「総合的な学習の時間で心がけている授業」とはどのようなもの

第6章　シティズンシップと学校教育

か、という質問に対して、「自分の考えたことを発表したり、討論したりする力が身につくような授業」という項に「そう思う」と回答した率は32.3％。「児童生徒の興味・関心を最大限に引き出し、子どもの自発性や主体性を大切にする授業」という項に「そう思う」と回答した率は26.6％。「いろんな課題を取り上げて調べたり、まとめたり、直接体験したりするなかで、児童生徒が自分で課題を見つけ主体的に探究活動に取り組めるような授業」という項に「そう思う」と回答した率は30.6％でした[8]。いずれの項も、50％を大きく下回っているというのが現状です。

　つまり、各教科の領域ではなく、子どもの参加が比較的可能と考えられる総合的な学習の時間でさえ、教師の「適切な指導」という名のもとに、学習が子どもより教師主導型で行われ、子どもにとっては「総合はもう一つの教科」「させられる総合的な学習」となっているのが現状といわざるをえません。さらに付け加えるなら、教員が「総合的な学習の時間で心がけている授業」として、回答選択肢のなかに「子どもの参加」という文言がひと言も上がってこない点もきわめて残念なことです。

(3) 学級活動と子どもの参加

　現時点では学校現場に時間的な余裕がないだけでなく、教師自身が子どもの参加という課題について経験や認識に乏しい面があることは否めません。そのために、具体的な指導内容や指導方法についてもかなりの温度差があるものと考えられます。

　ここで、具体的に学級の目標やルールを決めることについて考えてみましょう。この場合、大きくは2通りのスタイルが見受けられます。ひとつは、教師から「学級の約束ごと」などと称して、目標やルールを子どもに指し示すスタイルです。たとえば『みんなが協力する学級。決まりを守る学級』という内容を教師が提示し、教室の前に貼り付ける手法がそれです。「先生からのお願いは、これだけです。あとは、皆さんでしっかり守ってください」と伝えて、子どもたちに託します。「約束」の内容自体は常識的なもので、さほど問題はないものととらえることができるかもしれませ

ん。しかし、このような手法が子どもにどのような効果をもたらすのか、はなはだ疑問です。また、子どもからすれば、話し合いもなく「先生が一方的に決めた約束」にすぎません。その効果はおろか、このような非民主的な手法が子どもたちにもたらす影響には看過できないものがあるといえます。

　もうひとつのスタイルは、内容を子どもと協議して決めるという手法です。この手法は前者に比べると民主的といえます。しかし、決定の手続きが民主的であっても、内容自体に大きな問題点が見受けられる場合もあります。

　次に紹介する事例は、J市のS小学校において教師が同席する「学級会議」で定められた学級目標の内容です。「第1条　授業を妨害しない。第2条　教室や廊下で走らない。第3条「姿勢」と言われたらすぐする（姿勢を正す）。第4条　机に落書きをしない。第5条　ちゃんとイスにすわる。第6条　人の話にしっかりと答える。第7条　授業と別のことをしない。第8条　ちゃんと声を出す。第9条　取っ組み合いをしない。第10条　人の悪口を言わない。第11条　給食中は立ち歩かない、走らない。第12条　食べ終わったらすわっておく。第13条　マスクをつける。第14条　ナフキンをひく。第15条　給食中は遊ばない。第16条　牛乳のふたをかごに捨てる。第17条　さぼらない。第18条　ほうきを振り回さない。第19条　机を下げるとき思いっきりしない。第20条　ほうきで遊ばない。第21条　ごみをちらかさない。第22条　水筒は自分で持ってくる。第23条　宿題を忘れたらすぐにする。第24条　黄色帽子をかぶる。第25条　必要じゃないものを持ってこない。」

　これらは「6年1組　学級憲法」と銘打って制定したといいます。条文のすべてが指示・命令や禁止事項で構成されており、いったいこれは「憲法」と呼ぶに値するものなのか、これを制定したことについて、子どもたちは本心ではどのように評価しているのか、いったい教師はどのような学級をめざそうとしているのかなど、根本的な疑問が湧き上がってくるところです。

　しかし、結果的にはこのように成文化されたために、子どもがふだんの学校生活で、いかに多くの決まりに包囲されているかを改めて可視化する

第6章 シティズンシップと学校教育

ことができます。いや、これらの決まりはごく一部であり、まだ他にも数え切れないほど、細かな決まりが存在しているという事実を再認識することもできます。

ところが、ここで大きく意見が分かれます。ひとつは、子どもが社会性を身につけて成長していくためには、このような決まりを意識させて守らせることは当然であり、社会に適応する力を養うことはきわめて必要なことである、という意見です。もうひとつは、あのような「学級憲法」によっ

【コラム】子どもの子どもによる子どものための「学級憲法」

「どんな学級をつくりたいか」という問いは、子どもが学級という社会を形成するために、担任が最初に発すべきものです。子どもにとっては、これが宿題の第1号になります。そして翌日、子どもたちは自分が願う学級イメージを互いに表明しあい、担任はそのすべてを黒板に書いていきます。それらを分類し、文言を合成して、最後に全員の多数決で絞り込みます。その結果、ある年の6年生はこのような「学級憲法」[9]を定めました。

> 1. 先生をおこらせないクラス　もし先生におこられても、なにくそと思ってやっていくクラス
> 2. 勉強をがんばり、あそびも目いっぱい楽しむクラス
> 3. 自分の意見をはっきりと言えるクラス
> 4. なるべくダラダラしないで、コツコツテキパキするクラス
> 5. 明るく元気にとび出クラス

どれを第1条にするかということも、子どもたちが決めます。そして、3ヵ月ごとに点検し、十分達成できたものがあれば廃止し、新たな条文が必要なら加えていくというものです。しかし、肝心なことは「学級でどんなことをやりたいか」という活動内容が定まること。つまり子どもが積極参加できる活動の機会があって、はじめて「学級憲法」も生活上に生きてきます。目標と活動の一体化がない限り、絵に描いた餅のごとく空文化するのが学級の目標といえます。

て、学校や社会に忠実に適応する子どもが育成されることは望ましいことだろうか。もっと日常の学校生活や授業について、子ども自身が希望や要求を表明して、創造的に活動する力を育てることこそが重要であって、そのための積極的な決まりづくりが大切ではないか、という意見です。

デヴィッド・セルビー[10]は前者を「コンフォーマティブ」（現状維持的）な参加、後者を「トランスフォーマティブ」（現状改革的）な参加と整理していますが、この２つの意見の根底には、教育観や子ども観、社会観の違いが見受けられる場合も多くあります。それではここで学習指導要領のなかでは学級の諸活動についてどのように明記されているのか、概観してみたいと思います。

特に、小学校学習指導要領・社会（2011年４月施行）と中学校学習指導要領・社会（2012年４月施行）、小学校学習指導要領・特別活動（2011年４月施行）の目標を取り上げます。

(1) 小学校学習指導要領・社会　目標
　　社会生活についての理解を図り、わが国の国土と歴史に対する理解と愛情を育て、国際社会に生きる平和で民主的な国家・社会の形成者として必要な公民的資質の基礎を養う。

(2) 中学校学習指導要領・社会科　目標
　　広い視野に立って、社会に対する関心を高め、諸資料に基づいて多面的・多角的に考察し、我が国の国土と歴史に対する理解と愛情を深め、公民としての基礎的教養を培い、国際社会に生きる平和で民主的な国家・社会の形成者として必要な公民的資質の基礎を養う。

いずれの目標も「国際社会に生きる平和で民主的な国家・社会の形成者として必要な公民的資質の基礎を養う」とされていますが、ここでいう「公民的資質」とは「国際社会に生きる平和で民主的な国家・社会の形成者、すなわち市民・国民として行動する上で必要とされる資質を意味している」と説明されています[11]。

したがって、「公民」とは一般的に市民社会の一員としての市民、国家

の成員としての国民という両方の意味を含んだことばとして理解することができるとされています。また、平成20年1月に出された中央教育審議会答申「幼稚園、小学校、中学校、高等学校及び特別支援学校の学習指導要領等の改善について」のなかにも、「現代社会の理解を一層深めさせるとともに、よりよい社会の形成に参画する資質や能力を育成する」ことや「持続可能な社会の実現をめざすなど、公共的な事柄に自ら参画していく資質や能力を育成することを重視する方向で改善を図る」ことが明記されています。「よりよい社会の形成に参画する資質や能力」とは、単に知識的側面だけではなく、積極的に行動化できる力が求められているということにほかなりません。

　学習指導要領・社会のなかでは、学級の諸活動について直接触れられていないのは当然ですが、社会科で学習した内容の活用化を図るためにも学級活動は重要な参加の場であり、学級の目標やルールを決める機会を活用して、日常の学校生活や授業について子ども自身が希望や要求を表明していくことは意味ある体験として重要視したいものです。もちろん学校生活を安全・安心に過ごすために、適切なルールを子どもたちが定めていくことも当然のこととといえます。

　次に、特別活動の目標について見ていきます。

(3) **小学校学習指導要領・特別活動　目標**
　望ましい集団活動をとおして、心身の調和のとれた発達と個性の伸長を図り、集団の一員としてよりよい生活や人間関係を築こうとする自主的、実践的な態度を育てるとともに、自己の生き方についての考えを深め、自己を生かす能力を養う。

　社会科の解説編で「よりよい社会の形成」と記されていたのと同様に、特別活動でも「よりよい生活や人間関係を築こうとする自主的、実践的な態度」の育成が明記されています。既存の生活や社会に適応するだけではなく、より建設的で積極的な態度や能力の育成が目標とされているのです。その方法概念として「望ましい集団活動」を挙げているという点が特別活

動の特質といえます。

(4) 学校における児童会活動の可能性

　学級の目標やルールを定めるという活動も、貴重な集団活動のひとつです。よりよい学級社会、よりよい学校生活、よりよい人間関係の形成を図っていくために、一人ひとりの切実な願望や率直な要求が学級会の場で表明され、それらをみんなで討議し、条文の一言一句を吟味することによって、最終的に目標やルールを決定することになれば、これは子どもによる学級経営への参加ととらえることができます。また、何よりも教師を含む全員による討議を通じて、この学級のめざすべき方向や、願いが共有されていくことはきわめて貴重なことです。

　学級の目標やルールの決定に限らず、児童会・生徒会で自分たちの1年間の創造的な活動目標や生活ルールの決定を行うこと、さらには、学校行事の内容（たとえば運動会の種目、遠足の行き先など）についての提案、中庭の有効利用の仕方についての提案、給食献立表の立案、スクールタイムや時間割作成への参加、通学路の信号やガードレールの設置要求など、学校生活全般にわたって子どもの意見が尊重されていくことになれば、学校が「知の占有空間」として存立できなくなった現代において、また新たな可能性を担う空間へと進展することが期待できます。

　たとえば遠足の行き先ひとつをとってみても、目的地やアクセスについて情報を得ることは容易な時代であり、費用や所要時間の算出も含めて子どもが計画立案することはそう困難なことではありません。また、仮に安全の確保の不十分さが指摘されれば、それをどのように克服すればよいかという点も、子どもが議論を重ね、課題の解決を図っていくこと自体が大切な学習なのです。

　こうして学校や社会の意思決定の一画に直接子どもが参加し、積極的に学校教育の推進や地域社会の改善に関わっていくことができれば、自律的な市民を育成するために教育が果たす役割は一歩前進するにちがいありません。何よりも、子ども自身が日常的な学校生活において、意味ある非日

第6章　シティズンシップと学校教育

常的教育体験をすることが可能となります。しかし一方で、幾多の問題点も十分予想されます。それは「指導に時間がかかりすぎる」「その時間捻出をどうするのか」「指導の方法が不慣れである」「子どもも不慣れで混乱が生じる」「学校運営に際限なく子どもを参画させるのか」などなど。手元に親切なテキストやマニュアルがあれば、指導が比較的円滑に進むことも考えられます。ところが、現場にほとんど丸投げのような状態で、まったく不慣れな内容を教師が子どもと実践することになれば、「総合的な学習の時間」が「立ち枯れ」といわれる状態に陥っているのとよく似た状況が生まれる可能性が予見できそうです。したがって、準備性の乏しいなかで、外からの一方的な推進力によって、これらの導入を図ろうとすれば、すぐさま破綻してしまうことは明らかだといわねばなりません。しかし、条件のすべてが整ってから取り組むという方向性も、そう現実的ではありません。

　この点について非常に参考になる取り組みを、小玉重夫が紹介しています。それはミネソタ大学ハンフリー研究所とミネアポリスコミュニティ・テクニカルカレッジの連携によって行われている、「パブリック・アチーブメント」の活動です。

　　　これはミネアポリスコミュニティ・テクニカルカレッジにおける教員養成プログラムの一環として、同大学で教職課程を履修している学生を、小学生が行うパブリック・アチーブメントの「コーチ」として、隣接する公立学校に派遣している活動である。
　　　つまりここでは、公立学校における政治的シティズンシップ教育の実践と、その担い手である政治的シティズンシップのコーチを大学で養成する実践とが、連動して行われている点が注目される。（略）
　　　その際、コーチを受け入れる学校の教師は、あるときは教師自身がコーチになりながら、大学の研究者やコーチとして派遣されてくる学生、市民たちと協同して学校を公共空間へと組みかえるコーディネーターの役割を担うことが求められている。いわば、教師がパブリック・アチーブメントの政治的コーディネーターとなることが求められるのである[12]。

この取り組みは、準備性が学校現場に完全に整うのを待って行うスタンスではなく、専門性を持ったコーチがバイパスのような役割を担って、教師と協働的に学習を進めていくスタイルです。学校にこのようなバイパス・システムが確立されると、教師の任務は指導者であるよりもコーディネーターとしての役割が期待されます。これなら、すべてを切り盛りして疲労困憊状態に陥ってしまう現在よりも、はるかに合理的な手法と考えられます。ただ、このようなシステムが定着するまでには、いろいろな調整が必要であることは否めません。

―――【コラム】「ボランティア的シティズンシップ」と「政治的シティズンシップ」―――

　地域の商店や公的機関に子どもが数週間出向いて、そこで「職場体験」を行う学校が増えています。これはキャリア教育の一環として実施されるものですが、この体験を通じて、子どもに働くことの意味や生きること学ぶことの意味を改めて認識させようとするものです。また、地域の老人福祉施設を訪問したり、近くの河川の清掃活動を生徒会活動として実施するケースもありますが、これらは社会体験のなかでも既存の共同体社会への参与・貢献活動としてとらえることができます。

　このような「ボランティア的シティズンシップ」に対して、小玉重夫は「政治的シティズンシップ」の重要性を指摘しています。後述の「ヨリンダのリスト」に挙げている「難民の子どもたちに在留許可を与えてほしい」という要求がそれに該当します。グローバル化が急激に進行する今日、異質な他者との協同や共生は緊要課題といえます。また「危険な通学路に信号機とガードレールを設置してほしい」「国政選挙の際、政党のマニフェストを検討して生徒で模擬投票を行う」などの活動もこれに該当します。既存社会への適応で終わることなく、新たな社会創造に向かうための資質としてのシティズンシップが今日求められているのです。

このように学校現場と大学がシティズンシップの形成というテーマ性を具体的に共有し、共同研究・協働ワーキングを行うためには、ここに紹介した事例が参考になるものと思われます。

第3節 シティズンシップを育む学習活動の事例

　学校におけるシティズンシップを育む学習は、決して特定の教科や活動だけに限られるものではありません。たとえば、理科の授業において、つねに教師が一方的にしゃべるだけで、子どもは興味や意欲をそがれ、思考を深める時間も意見を表明できる余地もまったくない授業が毎時展開されていたとします。また別の学校の理科では、教師が問題を投げかけた後、子どもが考え、積極的に意見を述べあい、教師の「適切な指導」のもとに問題解決へと思考が深化していく授業が行われていたとします。この場合、理科のカリキュラムとしては同一箇所の学習が行われていたとしても、明らかに後者の学校の方が、「隠れたカリキュラム」として、シティズンシップを育む学習への可能性が大きく開かれているといえます。なぜなら、学習者である一人ひとりの子どもの主権が尊重され、授業への参加と深い学びが成立する教室社会だからです。

　そのように考えるなら、学校におけるあらゆる学習活動の機会が、子どもにシティズンシップを育む場となり、また逆に摘み取ってしまう場にもなってしまいます。このように理解した上で、特に本節では学校において、子どもの参加をめざす活動として焦点化できるもの、さらにいうならシティズンシップを直接的体験的に育むことを意図した教育活動について、その具体例を提示してみたいと思います。

(1)「2分の1成人式」の取り組み

　「20歳になった男女のために、成人の日に地方自治体・企業などによって行われる祝典」(『大辞林』)が成人式と呼ばれるものです。その祝典にち

なんで、近年「2分の1成人式」が実施される小学校も少なくありません。満10歳になった子ども（小学4年生）を対象とするイベントです。その具体例を、まず当事者である子どもが書いた新聞記事から読み解いていきましょう。

　　２月26日、学校の体育館で「１／２成人式」という行事がありました。１／２成人式とは、成人式まで１／２年生きてきたことを祝う会です。私はその会の実行委員をやりました。
　　クラスの人とどのような言葉を入れたいかなどを聞いて、実行委員会で題名を作りました。それが、「１／２成人式 ── 十年間支えてくれた人たちに感謝と成長を伝えよう」になりました。
　　それから、出し物を決めました。これも、クラスで出た意見のなかから多数決で決め、劇となわとびと、合奏と合唱に決まりました。
　　次に、各自が決まった出し物のどれに入るかを決めました。私は実行委員として、劇グループの担当をしました。そして実行委員は、みんなに手つだってもらい、大きな看板を作りました。絵の具でぬったので、とても時間がかかりました。
　　それから、実行委員のなかでも役割を決め、私は司会になりました。劇のグループでは、シナリオを自分たちで作り、なわとびグループは、大なわや短なわなどの練習をしました。合奏と合唱は、「音楽」の時間を使って練習をしました。
　　そして、本番当日。私は司会として大ぜいの前で話し、とてもきんちょうしました。会の最後には、感動して泣くおうちの方もいました。
　　たくさんの練習をかさね、最後には感動してくれた人がたくさんいたので、やってよかったと思いました。[13]

この記事を読む限り、次の３点のことがよくわかります。

(1)　子どもたちが実行委員会をつくり、そこが中心になって「１／２成人式」の企画や運営を行っていること。

第6章 シティズンシップと学校教育

(2) このイベントのめざすところは「十年間支えてくれた人たちに感謝と成長を伝えよう」というもの。
(3) 保護者にも開かれたイベントであること。

　まず、(1)の実行委員会形式について考えたいと思います。ここには明らかに子ども参加の視点を重視する姿勢がうかがえます。教師による「適切な指導」のもとに、実行委員会が組織されていったものと推察されます。しかし、実行委員会がすべてを決めてしまうのではなく、出し物の内容について、クラス討議の機会を保障している点も読み取れます。どのような当日用プログラムを組むかということについても、実行委員会が原案を作成し、クラス討議にかけるという民主的な手続きがとられたにちがいありません。
　しかし、まず「1／2成人式」のイベントを行うかどうか、というところから子どもたちに問うてみることも一計です。この点について小学生新聞の記事では不明ですが、子どもたちにこのイベントを「やるか、やらないか」の第一歩から問うてみることによって実施の意義が全員で議論されていくなら、それも意味のあることです。意義が共有されて「やる」ということが決定されれば、子どもたちの手で大成功させるには、いかに取り組んでいくか、という次の課題にもはずみが生まれます。(2)の「1／2成人式」のめざすものは、実施している学校の多くが「これまでの10年間を振り返って、自分の成長を見つめ直す」「これまでの10年間、お世話になった人に感謝する」「自分の成長を祝い、これからいっそうの成長を誓う」という内容のものが傾向として見られます。(3)の、保護者にも開かれたイベントという点については、(2)と関わって今日まで育ててくれた保護者に感謝の気持ちを表すと共に、自分たちの成長を披露する場として、位置づけられているものと思われます。イベント当日、誰を招待するかということに関しても、子どもたち自身が考えを述べあうなら、また、さまざまな貴重な意見が出されるにちがいありません。そして、招待状の作成、会場の設営、飾り付けの工夫、合奏や合唱の選曲も含めて、子どもたちの手で行われるなら、子どもの参加がより実質的なものとなります。新聞記事に

よると、当日の司会や進行も実行委員会が担ったようですが、これらも教師が意味ある「適切な指導」を側面的に行っているからこそ、感動的なセレモニーを成功裡に終了できたものと思われます。

「1／2成人式」を実施している学校の多くは、このイベントを2月に開いているようです。それは、4年生の総合的な学習の時間の1年間のまとめの場として位置づけられているからです。あと数ヵ月で5年生になるという時期に行われることを考えた場合、ここでひとつの提案があります。小学校学習指導要領では「〔児童会活動〕の運営は、主として高学年が行うこと」とされているため、5年生はいよいよ高学年の仲間入りをし、6年生と一緒に代表委員会や委員会活動の中心となって活躍することになります。学校によっては、児童会会長など役員の選出が立候補制と投票方式によって行われますが、その選挙権と被選挙権も5年生から与えられるわけです。

近年、児童会役員の選出方法に変化が見られ、立候補者への投票行為は「落選した児童への配慮」や「人気投票になりがち」などの理由から廃止されていく学校も少なくありません。それの是非については議論すべき重要点ではありますが、児童会活動の主たる運営を5年生も担っていくことについては何ら変わりがありません。

したがって、「1／2成人式」の場において、高学年になる自覚を高めると同時に、学校によっては大切な選挙権と被選挙権が与えられることの意味とその重要性を確認する場になれば、小学校における「成人式」としての意味がいっそう深いものとなります。若者の公職選挙に対する参加意識の低下が問題視されている今日だからこそ、せっかくの「1／2成人式」において、この点について意識的な取り組みが行われることはことさら重要なことと思われます。

(2) 「ヨリンダのリストづくり」を活用した参加活動の実践的展開

① 絵本『10歳からの民主主義レッスン』の試み
子どもはおとなと同時代を生きるパートナーとして、さまざまな要求や

第6章　シティズンシップと学校教育

願いを持っています。したがって、子どもの意見を表明できる場を保障することによって、おとなが欠落させていた発想や気づかなかった視点を指摘されることも少なくありません。また、子どもは「子どもの専門家」といわれるように、子どものこと・ものに関わる一切についての直接の当事者であるため、少なくとも子どもに関するあらゆる問題について、子どもの意見を傾聴することはきわめて基本的なことといえます。子どもの意見が表明できるようにおとなが可能な限り「保護」すべきである、という観点から「子どもの権利条約」も成立しています。この場合の「保護」は発展的保護ということができます。

しかし、「まだ子どもだから」「子どものくせに」ということばに象徴されるように、子どもを社会に存在するひ弱な未成熟者という考え方のもとに、おとなに「保護」されるべき対象者と見なすべきだということもあります。この場合の「保護」は、包囲的保護ということができます。

このような2つのとらえ方の違いの背景には「子どもなるもの」とは何なのか、という子ども観の相違が根強くあるものと思われます。しかし、子どもはよりよい未来社会の中心的な形成者である、ということを疑う人はひとりもいないはずです。そのための豊かな育ちを実現するために、今、おとなや社会は子どもにどう関わることが望ましいのかということが問われています。

「主体的な生き方の基盤として、自律的な行為を重視し、基本的生活習慣や自制心を身に付けること。また、家庭や学級・学校など生活の場で直面する課題に適応するとともに、与えられた仕事や役割について理解し、責任を持ってやり遂げること」[14]が、子どもの「個の自立」に必要であるとする考え方があります。その一方で、既存の社会への適応重視に傾斜する考え方を補完する視座も欠かすことはできません。それは、現実社会がよりよい共同体となるよう個が他者に主体的に働きかけて、新たな社会を創出していこうとする資質の形成です。特に、グローバル化が進行し多文化の状況下にある今日、より開かれた共同体の構築が求められており「異質な他者」との共生は喫緊の課題です。このような現代において、適応能力だけでは解決できない問題の方が圧倒的に多いといわざるをえません。

そのような視座から、子どもに良質な刺激を発信する絵本があります。それは『10歳からの民主主義レッスン』[15]という絵本ですが、これはおとなが持つ子ども観の変革を迫る啓発の書ともいえます。著者のサッサ・ブーレグレーンは前書きで次のように述べています。

　　この本を書くことになったきっかけは、子どもの発言の場があまりにも少なすぎると思ったからです。子どもは賢い存在です。わたしたち大人は、子どもの声にもっと耳を傾けなければなりません。今こそ、子どもも選挙権を持ってよい時代ではないでしょうか。子ども新聞で、子どもの脳の働きを研究しているマッティ・ベーリストレーム教授の記事を読みました。教授によれば子どもの思考方法は大人とは違っていて、多くの点で大人よりも賢いとのことです。
　　大人が部分にとらわれるのに対して、子どもは全体を見ることができます。だから、子どもは問題に対して大人が考えつかない解決策を見つけることもできるのです。（略）
　　本書は、自分の声を外に発信したくても方法が見つからないあなたのために書きました。鍵のかかったドアがあるとします。ドアを開けるには、正しい鍵を持たなければなりません。私は、あなたが人間としての権利を手に入れるために全力で戦おうとするとき、どういうふうに戦いを始めることができるかを示してみせたいのです。（略）

　このような趣旨のもとに、ヨリンダという架空の女の子と民主主義について学習していくスタイルで絵本は展開していきます。ヨリンダは今「たいていのことは満足して」いて「毎日楽しく過ごしている」女の子。しかし「ああしてほしい、こうしてほしいってこともたくさんある」ため、「わたしもいっしょに物事が決められたらずっとうまくいくはずよ」と考えています。
　そこで、彼女は「思いつくままをリストに」していきます。すると、全部で18項目になりました。

第6章　シティズンシップと学校教育

- 大好きなラザニアを食べる回数を増やしてほしい
- 今のクラスがいい、変えてほしくない
- 学童保育の時間を延長してほしい
- 難民の子どもたちに在留許可を与えてほしい
- 家畜が恐怖におびえる輸送はやめにしょう
- 飢えに苦しむ子どもがいなくなりますように
- 子どもを兵士にすることに反対します
- 平和な地球をつくろう
- お菓子に危険な添加物を入れないで
- 子どもの路上生活をなくそう
- いじめはいやだ
- 人種差別反対
- おこづかいを増やしてほしい
- 男の子はうるさくていらいらする
- 車がスピードを出しすぎる
- 子どもなら誰でもアイスクリームをもっと食べたい
- 夏休みをもっと長くしてほしい
- 兄たちがうっとうしい

　ヨリンダはスウェーデンの女の子という設定ですが、リストアップされた願いや要求はとても多彩です。そこで、この18項目について、それぞれ意思決定が行われる場はどこなのか。その場を彼女は母親と相談しながら記入していきます。たとえば「・大好きなラザニアを食べる回数を増やしてほしい ── 家族：今のクラスがいい、変えてほしくない ── 学校：学童保育の時間を延長してほしい ── コミューン：難民の子どもたちに在留許可を与えてほしい ── 国会、内閣」というようにです。難民や人種差別の問題は、国会内に超党派でつくられた「子ども問題を考える会」があることを知ったヨリンダは、その会で取り上げてもらおうと考えます。アクセスの方法には電話・手紙・ファックス・メールなどがあり、それによって自分の意見を表明できることや、関係する情報を得ることができる

ことも学びます。その際、ヨリンダは氏名、年齢、住所を伝えること、話の内容はわかりやすく簡潔に、自分が送った手紙と受け取ることができた返事はセットにしてコピーを保存することなど、情報処理のスキルについても学んでいきます。

　リストの内容によっては意思決定の場が、欧州連合（EU）や国連（UN）であることも知ります。そして、それぞれの場で民主主義にのっとって意思決定がなされていくしくみを学んでいきます。たとえば「飢えに苦しむ子どもがいなくなりますように」という項目は、国連に訴えればよいことを知ったヨリンダは、ある行動を起こします。直接、国連の事務総長に手紙を書いて、自分の考えを表明すればよいということを知ったからです。

　この絵本では、差別禁止オンブズマン、スウェーデン国会、政府内閣、欧州連合、国連等の電話番号・メールアドレス・ホームページも記載されていて、子どもがすぐにアクセスできるよう周到な配慮がなされています。

② 日本の学校でどう活用するか

　学校教育が、子どもへの指示・命令や要求だけでは成立しないことは自明です。学校や社会を形成する一員である子ども自身が、いったいどのような願いや要求を持っているのか、それを掘り起こして、整理し、子どもたちの手で、どのように決定したり解決したりしていくかということは、シティズンシップを育む上で、きわめて重要なアクションです。

　ヨリンダが作成した18項目のリストに学んで、教室で子どもたちに「ああしてほしい。こうしてほしいリスト」あるいは「こんなことしたい。こんなものほしいリスト」を作成する機会を設けてみてはどうでしょう。そのとき、日本の小学生中学生高校生はどのような項目を書き上げるでしょうか。ヨリンダのように家族会議や学級会で解決できる問題にとどまらず、食品添加物・家畜の輸送、さらには難民の子ども・飢餓に苦しむ子ども・世界の平和・人種差別など地球規模の問題に至るまでリストアップするでしょうか。どのような項目を挙げるのか、この点は非常に興味深いところですが、子どもや学校の実態によって、リストアップされてくる内容は大きく異なるものと推測されます。

第6章　シティズンシップと学校教育

　リストアップから発信までの具体的な方法としては、おおよそ次のような手順が考えられます。

(1) まず各自が切実に感じている項目を具体的に書き上げる
(2) 自分が書き上げたすべての項目を持ち寄って学級でグループごとに整理する
(3) その項目について話し合って優先順位をつける
(4) その項目について意思決定される場所を探す
(5) その場所に向けてどのように発信すればよいかを検討する
(6) 自分たちの意見をまとめ上げて発信する

　特に(1)については学校のことに限定せず、「自分がふだん気になっていることや、切実に願っていることなら、どんなことでもかまいません」と伝える方が、子どもは多様な項目を書き上げるにちがいありません。また、その項目を挙げた根拠や理由も簡単に書くことを求めた方が、話し合いがより合理的に進行すると思われます。話し合いの過程で意見が対立する場面も必ず生じるはずです。そのとき意見をどう調整し、判断し、どのように合意に達するかということも貴重な学習のひとつです。
　このようなリストづくりに不慣れな子どもたちであればあるほど、「授業中にテレビゲームをしたい」「学校をなくしてほしい」「担任の先生を子どもが選べるようにしてほしい」「夏休みを3ヵ月間にしてほしい」「学校にお菓子を持ってきてもよいようにしたい」など、教師が困惑したり憤りを覚えるような内容を書き上げることも十分想定されます。しかし、これは子どもたちのシティズンシップの育ちの現実を教師が垣間見ることのできる機会でもあります。そのことを恐れるあまり、このような取り組みを遠ざけてしまえば、子どもはますます願いや要求心を持っていても、口に出さず、鬱屈した状態に身をおいてしまうとも考えられます。逆に、意見表明の権利と責任が抱き合わせのものであることを理解している子どもたちがいて、正常に機能している学校社会であればあるほど、仲間や教師からも称賛と合意の得られる項目が吟味され精査されていくにちがいありま

せん。決してマニフェストを掲げるわけではないため、まずは子どもたちの切実で率直な願いや要求を表明してもらい、それを積極的に傾聴するというスタンスから始めてみてはどうでしょう。

やや消極的な思考に陥ってしまいましたが、より積極的な姿勢で「ヨリンダのリスト」を方法的に活用するなら、さまざまな教育の展開が可能となります。

総合的な学習の時間はテーマの設定が生命線といっても過言ではありませんが、ヨリンダが行ったように「思いつくままをリストに」して、それらを集約していくと、子どもたちがいだいている切実な課題（テーマ）が浮き彫りにされてくるにちがいありません。また、児童会生徒会活動においても「教師の適切な指導の下に」学校生活上の「ああしてほしい、こうしてほしい願いや要求」を各クラスで話し合い、リストアップし、それらにどのように取り組んでいけばよいか、代表委員会等で協議していくことが「集団（や社会）の一員としてよりよい学校生活づくりに参画し、協力して諸問題を解決しようとする自主的、実践的な態度を育てる」[16]こととダイレクトにつながっていきます。

また、「ヨリンダのリストづくり」のような意見表明活動を通じて、民主主義の意味や国会をはじめとするさまざまな議会のしくみや機能、さらには国連の存在意義に至るまで知識理解をし、実際に問題意識を持って探究活動を進めていくことが可能となります。このような学習過程は構成的であり、子どもにとっては教科書に基づく活字化された系統的な知識の習得過程とは異質な意味ある学びの経験をすることができるでしょう。

【さらに学びたい人のための読書案内】
喜多明人ほか（編著）（1996）『子どもの参加の権利』三省堂
神野直彦（2001）『「希望の島」への改革』日本放送出版協会
バンクス、J. A. ほか／平沢安政（訳）（2006）『民主主義と多文化教育 ―― グローバル化時代における市民性教育のための原則と概念』明石書店
リンドクウィスト、A.・ウェステル、J.／川上邦夫（訳）（1997）『あなた自身の社会 ―― スウェーデンの中学教科書』新評論

第6章　シティズンシップと学校教育

武藤孝典ほか（編著）（2007）『ヨーロッパの学校における市民的社会性教育の発展 ── フランス・ドイツ・イギリス』東信堂

終　章　日本で「シティズンシップ教育」を
立ち上げるということ

森田　英嗣

　本章では、ここまで本書を読んできてくださった読者の皆さんが抱いたであろうと想定される疑問を、3つ挙げたいと思います。それらはいずれもシティズンシップを育てる教育をさらに展開させるために解決すべき課題ですが、いずれも難題ですので、ここで改めて確認しておきたいと思います。

(1) 疑問1 ── 「シティズンシップ教育」は、社会科教育や
　　　その他の関連教育分野とどう関係するのか？

　そもそも現時点で「シティズンシップ」とはどういうことでしょうか。敗戦後の日本の教育は一貫して民主主義を教え、そこに生きる市民を育成しようとしてきたのではなかったのでしょうか。
　序章と第1章で詳しく論じたように、昨今のシティズンシップ教育への注目は、グローバリゼーションの展開や若者の政治離れへの危機感とともに集まってきたのは疑いないと思われます。この意味で、現在の社会は戦後の民主教育とは異なる新しいニーズを持っているといえるかもしれません。
　しかしそれでも日本の民主化とシティズンシップ（公民性）の育成を掲げて戦後登場した教科である社会科で、そうした新しいニーズをくみ取ることはできないのでしょうか。戸田[1]が以下のように述べるように、現在のわが国におけるシティズンシップ教育は、社会科教育と関連づけられずに論じられることが多いようです。

近年主張されている「シティズンシップ・エデュケーション」論の特徴は、社会科教育関係者以外が民主主義、あるいは「シティズンシップ」を中核概念とする教育論を論じている点である。(中略)また、これらの「シティズンシップ・エデュケーション」論では、社会科が市民的資質の育成を目標として掲げていることに言及されなかったり、自身の考える「シティズンシップ」の育成に社会科は関与できないと考えているものが多い。

　戸田はこうした現状を踏まえつつ、社会科を「シティズンシップ・エデュケーション」とすることの難しさについて、以下のように述べています[2]。

　社会科を「シティズンシップ・エデュケーション」へと変化させることは、社会科の社会教育化であり「総合的な学習の時間」化であり、市民的資質とともに社会科の中核概念である社会認識の形成がおろそかになっていくであろう。この社会認識の育成こそが社会科固有の教育活動であり、他教科あるいは社会教育に対する相対的独自性である。一教科としての社会科は社会認識教科であるべきであり、社会認識をその中核概念とすべきである。

　上記の主張は、現在の社会科教育に課された役割からすれば理解できる主張です。しかしここで明らかなのは、シティズンシップという将来の社会を担う人の基本力の育成を、誰がどのように引き受けるべきなのか、引き受け手も担い手も分担の内容も方法も明確でないという、日本の教育の現状でしょう。
　こうした現状においてまずすべき事柄は、さまざまな分野で語られているシティズンシップ教育の内実を皆が知り、自らの専門分野での教育活動を相対化することだと思います。
　本書が、各教育分野の専門家によって構成されたねらいのひとつは、こうした認識に立って、シティズンシップ教育を各分野でどのように担うことができるかを考察することにありました。それらを紡ぐ作業が残されて

終　章　日本で「シティズンシップ教育」を立ち上げるということ

いるわけですが、より多くの方々が本書をきっかけにして、シティズンシップ教育の射程と体系をつくる作業の必要性と興味を感じていただければ幸いだと思います。

(2) 疑問2 ── 私たちは「社会」に生きているのか「世間」に生きているのか？

私たち筆者が本書で前提のひとつとしたことは、日本でシティズンシップを身につけることやそれを用いて生きるということの難しさであったように思います。

たとえば皆さんは、どこでも自分の意見をしっかりと言えるでしょうか。あるいは女性だからとか後輩だからとかという理由で意見を控えたり、納得のいかないまま引っ込めざるを得なかったりした体験はないでしょうか？　逆に、説得力がない意見でも、年上だというだけで目立った抵抗もなく不思議と受け入れられてしまうような理不尽な現場に遭遇したことがないでしょうか。あるいは意見を言ってみても「KY（空気が読めない）」と責められたり、言外に「きみの意見も当然そうだよね」と同調を迫られたり、「理屈を言うな」と口封じにあったりし、意見を言うこと自体の意味を見失いかけたことはなかったでしょうか。さらには、尊敬できるような地位にいる人も、実はウチとソトを明確に分けており、ウチの人には「相互扶助共生感覚」[3] を持って接しているのに、ソトの人には平気で抑圧的になっている人はいないでしょうか。そして、そういった息苦しさがありながらも、私たちは「人からどう見られているか」が気になり、組織のなかの地位を失いたくないと思ったり、自分の組織内の地位に基づいてアイデンティティを形成し、そこから逃れられないと感じていないでしょうか。

ここに挙げたことを私たちは、多少とも体験しているはずです。ヨーロッパ中世史を専門とする阿部謹也は、このような体験をしながら人々が生きる世界を「世間」と呼び、「社会」と区別してみせました[4]。阿部によると、ヨーロッパにも12世紀頃まで「世間」はありましたが、聖と俗が分離し、個人が確立するなかで、「世間」は「個人」の集合体である「社会」に変質していったといいます。実際、日本では「社会」や「個人」という

ことばは明治期までなく、society や individual という語の訳語として、わずか百数十年前から流通しだしたにすぎないのだそうです。私たちは、何の疑いもなく、自分が「個人」であり、「社会」に生きていると考えていますが、実際には私たちは集合的な人々のなかのひとりであり、「社会」というよりは「世間」に生きているのだというのです。

そして、「シティズンシップ」という本書のテーマからして見逃すことができないのは、「世間」はその成員が従うしかないものであるのに対して、「社会」は変えることのできるものだという点です。

「シティズンシップ」の概念は多種あってかまいませんが、どのように概念化するにせよ、社会を変える資質をそこから取りのぞくことはできないでしょう。しかし、もしも阿部がいうように、私たちが実は「社会」に生きている「個人」なのではなく、「世間」に生きる集合的な人たちのひとりであるとするならば、「シティズンシップ」をそこからどのように構築していくことができるのか、欧米でいわれるのとは異なる独自の理論化が必要ではないでしょうか。

この問題の深刻さは、「参加」を考えたときにより明確になるでしょう。すなわち、私たちは「活動的なシティズンシップ」を育てるために、「地域社会」への「参加」を推奨したりします。しかし、参加する先が「社会」ではなく「世間」であったとしたら、私たちが期待する「活動的なシティズンシップ」は、そこで獲得されるのでしょうか。むしろ「参加」することで、「社会は変えられないのだ」と考えるようになってしまわないでしょうか。また、仮に学校で「シティズンシップ」が育てられたとしても、卒業後に待っているのが「世間」への参加だというのであれば、卒業生はそのギャップに相当苦しむことになるでしょう。

もしもこうしたことが事実だとすれば、私たちはその可能性をあらかじめ織り込んだシティズンシップ教育を構想しなければならないでしょう。これまでのシティズンシップ教育の推進者たちは、主として外国産のアイデアを輸入することに尽力していますが、それが一定の成果を上げ、そこでの教育課程や議論が明らかになってきた今、日本においてどのようなかたちになり得るのかが、次の課題として問われるのだと思います。

終　章　日本で「シティズンシップ教育」を立ち上げるということ

(3) 疑問 3 ── 「参加」の場としての大学はどうなっているのか？

「シティズンシップ」とは、もとより講義式の授業で知識をインプットすれば獲得できるというようなものではありません。実際に自らが意思決定に参加し、影響を与え、変えることができるという実感が不可欠です。

この点で、日本青少年研究所[5]による日本、米国、中国、韓国の高校生の意識調査の結果は、注目するべきだと思います。図終-1に見られる

●私個人の力では政府の決定に影響を与えられない
■全くそう思う ■まあそう思う ■あまりそう思わない □全くそう思わない □無回答

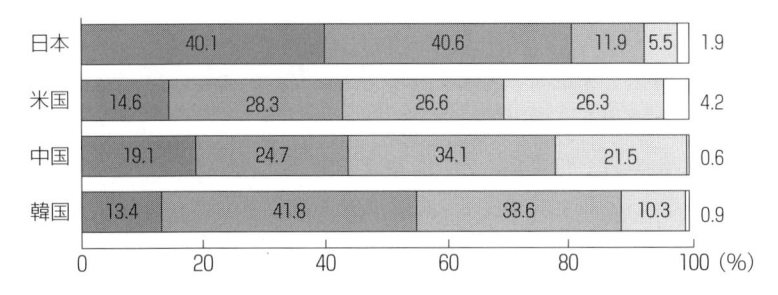

国	全くそう思う	まあそう思う	あまりそう思わない	全くそう思わない	無回答
日本		40.1	40.6	11.9	5.5	1.9
米国	14.6	28.3	26.6	26.3	4.2
中国	19.1	24.7	34.1	21.5	0.6
韓国	13.4	41.8	33.6	10.3	0.9

●私の参加により、変えてほしい社会現象が少し変えられるかもしれない
■全くそう思う ■まあそう思う ■あまりそう思わない □全くそう思わない □無回答

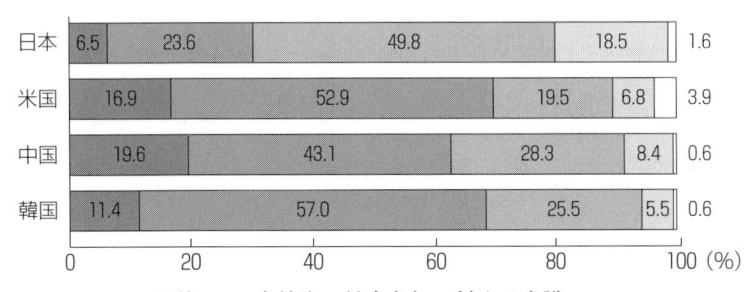

国	全くそう思う	まあそう思う	あまりそう思わない	全くそう思わない	無回答
日本	6.5	23.6	49.8	18.5	1.6
米国	16.9	52.9	19.5	6.8	3.9
中国	19.6	43.1	28.3	8.4	0.6
韓国	11.4	57.0	25.5	5.5	0.6

図終-1　高校生の社会参加に対する意識
(日本青少年研究所（2009）『中学生・高校生の生活と意識』日本青少年研究所 p.82 より、高校生のデータを抜粋)

ように、日本の高校生は政府の決定に影響を与えられないと考える割合が参加国中もっとも多く、「全くそう思う」と「まあそう思う」の割合を合わせると、80.5％にも至ります。また、自分が変えてほしいと思う社会現象が変えられるかどうかを聞いた結果は、「全くそう思う」「まあそう思う」を合わせた割合は30.1％で、参加国中もっとも低い結果となっています。これらの結果は民主社会の将来を担う子どもたちを育てるという点で、私たちの教育が失敗していることを示しています。

　それにしても、なぜ初めからあきらめたような若者が多いのでしょうか。その理由のひとつは、おそらく、自らの所属する共同体　　児童、生徒であれば、家庭、地域、学級、学校というもっとも身近な共同体　　での参加体験が、圧倒的に欠けているせいなのではないでしょうか。つまり、大人の側が子どもにシティズンシップの育成に寄与できるチャンスを保障してこなかったのではないでしょうか。実際、学力や就職に関して学校教育が問われることはあっても、シティズンシップの育成について問われることがこれまでどれほどあったでしょうか。

　これは、本書を執筆した私たち自身に引きつけて考えると、より深刻です。つまり、教員を養成する大学で私たちは、将来の教員に大学の意思決定に参加してもらったり、あるいは大学の運営に意見を述べたり、変えたりするチャンスを十分に保障してきたでしょうか。学校でシティズンシップの教育が必要だと期待するのであれば、その人たちが大学生のときに、大学運営のパートナーとして扱われる必要があるのではないでしょうか。

　大学に関していうと、大学の自治会に期待が集まるわけですが、全国的に学生自治会は、機能不全の状態であるといってよいように思います。先の学生運動後期に見られた「内ゲバ」等の暴力を伴う社会改革運動による負の遺産から私たちはまだ立ち直れないでいるのかもしれません。しかし、いつまでも政治的機会を若い人たちに与えることから逃れているわけにはいきません。なぜならば、「市民」とは政治的な存在そのものだからです。

　教育基本法の十四条の第二項にあるように、「法律に定める学校は、特定の政党を支持し、又はこれに反対するための政治教育その他政治的活動をしてはならない。」のは前提としても、第一項にあるように「良識ある

終　章　日本で「シティズンシップ教育」を立ち上げるということ

公民として必要な政治的教養は、教育上尊重されなければならない。」のです。そのためには、理論的には、大学を含めた学校の民主化とともに、そうした民主的な共同体への参加体験がどうしても必要です。コミュニティスクールが現実のものとなったり、学校評議員制や学校協議会が学校評価とともに導入されつつある現在、それら公共の組織をどのように民主的に経営していくかという課題は、学校種を問わずどの学校にも突きつけられた課題であるはずだと思われます。

　このように、私たち教員がこのプロジェクトをどのように持続可能なかたちで導入し、展開させていくか、これが日本でシティズンシップ教育を展開させる上での、第三の課題だということがわかります。

　以上、私たち筆者にとっても重い課題をあえて挙げてきました。これらの解決法について私たちは特にはっきりした案を持っているわけではありません。また、上記の考察からも、日本が「シティズンシップ」を持つ人たちで満ちるのは、大学がシティズンシップを持った学生を教員として供給する → それらの教員が学校教育でシティズンシップを育てる → シティズンシップを持った児童・生徒を社会(世間？)に供給する → シティズンシップを持った人たちが増えるという、単純なストーリーではなさそうにも思えます。

　何から手をつけるべきでしょうか。私たち著者にとってみれば、おそらくその答えは、まずは私たち自身が、自らの所属する共同体を参加するに相応しい、民主的な共同体にすることなのではないかと思います。それを学生と供に成し遂げることができたとき、私たちは真にシティズンシップ教育をスタートさせることができたといえるのではないかと考えています。

　さて、読者の皆さんのできることは何でしょうか。

あとがき

　私たちは、2007年から大阪教育大学市民性教育研究会を立ち上げ、定期的に研究会を開いて、シティズンシップ教育についての議論を積み重ねてきました。関心をお持ちの本学の学部生や院生、大阪近辺の小・中・高等学校・大学の先生などにご参加いただきながら、ある時には国内の実践事例を見学に行ったり、また2008年秋にはドイツからシティズンシップ教育研究者をお招きして公開シンポジウムをするなど、学内に閉じることなく、国内外の関係者と交流をとりながら、シティズンシップ教育を取り巻く社会の状況と関連させつつ広い視野からシティズンシップ教育のあり方を検討することを心がけてすすめてきました。
　また、2008年度と2009年度には本学の学長裁量経費を得ることができ、シティズンシップ教育の関連図書を収集して図書館にコーナーを設けるなど、研究だけでなく教育活動にも力を入れるよう取り組んできました。
　このような活動の成果のひとつのあらわれとして、2010年度後期から大阪教育大学で新たに教養基礎科目「シティズンシップを育もう！」が開講されることとなりました。本書は、そのテキストとして作られたものですが、想定している読者はこの講義の受講生だけではありません。学校教育の現場でシティズンシップ教育の実践に挑戦したいと考えている先生方や、すでに実践の実績のある先生方にも読んでいただきたいという主旨で書かれています。
　この研究会のメンバーは、各々、環境、生活経営、人権、メディアなど、シティズンシップ教育以外のテーマを専門にしています。日ごろ教育や研究の活動をしている各専門分野から見たシティズンシップ教育は、各教員の目にどのように映っているでしょう。本書は、各専門分野からシティズンシップ教育のあり方について考察するというアプローチをとっています。
　そして、多くの章で、主に小、中学校での実践例を紹介しています。自

分が市民として成長する場、自分が指導する児童生徒を将来の市民として育てる機会をどのようなものにデザインしていくのかの、具体的なイメージを持っていただくためにです。また、より深く学びたい方のために、各章末に読書案内も用意しました。

　これからも本研究会では、いろいろな方との議論を深めながら、講義と本書の内容をよりよいものに改善するよう取り組んでいきます。本書の刊行はその一里塚として、本研究会の成果を世に問うものです。ぜひご高覧いただき、ご批判を賜ることができれば幸いです。

注

はじめに
［1］ http://pegasus.phys.saga-u.ac.jp/universityissues/AGENDA21.htm に日本私立大学協会によるその全文訳を見ることができる（2010年8月18日最終閲覧）。原文は、ユネスコの次のウェブサイトで確認することができる（http://www.unesco.org/education/educprog/wche/declaration_eng.htm）。

序章 民主主義の危機とシティズンシップ教育
［1］ 経済産業省（2006）「シティズンシップ教育と経済社会での人々の活躍についての研究会報告書」
［2］ Hart, Roger A. (1992) *Children's Participation: From Tokenism to Cilizenship*. UNICEF-ICDC.
［3］ Halldorson, L. et. al. (1996) *Claiming Our Place in the Circle: Indigenous Children's Rights*. Victoria, University of Victoria.（図は、次から引用。ECPAT International (1999) *Standing Up For Ourselves*. UNICEF, Manila, p. 44.）

第1章 今、なぜシティズンシップ教育か
［1］ Marshall, T. H. & Bottomore, T. (1992) *Citizenship and Social Class*. Pluto Press. ［岩崎信彦・中村健吾（訳）(1993)『シティズンシップと社会的階級 ── 近現代を総括するマニフェスト』法律文化社］
［2］ Delanty, G. (2000) *Citizenship In A Global Age*. Open University Press.［佐藤康行訳 (2004)『グローバル時代のシティズンシップ ── 新しい社会理論の地平』日本経済評論社］
［3］ O'Shea, K. (2003) *Glossary of Terms for Education for Democratic Citizenship*. Strasbourg: Council of Europe, p. 7.
［4］ Hoskins, B. et al. (2006) *Measuring Active Citizenship in Europe*. Ispra: European Commission Institute for the Protection and Society (EUR 22530 EN), p. 10.
［5］ 嶺井明子（2010）「シティズンシップと国際理解教育」日本国際理解教育学会（編著）『グローバル時代の国際理解教育』明石書店
［6］ O'Shea, K. 前掲書
［7］ Cogan, J. & Derricott, R. (Ed.)(1998) *Citizenship for the 21st Century: An international perspective on education*. London : Kogan Page, p. 113.
［8］ Council of the European Union (2001) *Report from the Education Council to the European Council "The concrete future objectives of education and training systems"*,

Brussels.
［9］ Hoskins, B. & Mascherini, M.（2008a）, *Measuring Active Citizenship through the Development of a Composite Indicator*, Springer, p. 462.
［10］ Hoskins, B. et al.（2008b）"Dose formal education have an impact on active citizenship behaviour?", *European Educational Research Journal*, Vol. 7, p. 387.
［11］ 中山あおい（2008）「欧州評議会のシティズンシップ教育」嶺井明子（編著）『世界のシティズンシップ教育』東信堂
［12］ Dürr, K. et al.（2000）*Project on "Education for Democratic Citizenship. Strategies for Learning Democratic Citizenship"*. Strasbourg: Council of Europe Publishing, p. 13.
［13］ Birzea, C. et al.（2005）*Tool for Quality Assurance of Education for Democratic Citizenship（EDC）in Schools*. UNESCO, Council of Europe, CEPS.
［14］ 「シティズンシップ教育宣言」は、次の経済産業省のサイトで読める。http://www.meti.go.jp/press/20060330003/citizenship-sengen-set.pdf
［15］ 以下、お茶の水女子大学附属小学校（2010）『文部科学省研究開発指定校研究発表会、第72教育実際指導研究会発表要項、小学校における「公共性」を育む「シティズンシップ教育」── 2年次』参照。

第2章　シティズンシップと環境教育

［1］ 環境省のHP（http://www.env.go.jp/earth/index.html#ondanka）に詳細で多岐にわたる情報があるが、比較的コンパクトにまとまったものに『平成22年版環境・循環型社会・生物多様性白書』や平成19・20年版の『環境白書・循環型社会白書』がある。また、『こども環境白書2010』や『こども環境白書2009』は、子ども向けの平易な説明でわかりやすい。
［2］ 鈴木善次（1994）『人間環境教育論 ── 生物としてのヒトから科学文明を見る』創元社 を参照のこと。
［3］ トビリシ勧告の本文は次のサイトで読める。http://unesdoc.unesco.org/images/0003/000327/032763eo.pdf
［4］ ベオグラード憲章の本文はユネスコの以下のサイトで読める。http://unesdoc.unesco.org/images/0001/000177/017772eb.pdf
［5］ テサテロニキ宣言については、阿部・市川ほか（1999）「環境と社会に関する国際会議 ── 持続可能性のための教育とパブリック・アウェアネス」におけるテサロニキ宣言, 『環境教育』8（2）, 71-74 が参考になる。なお同宣言の本文は、 http://unesdoc.unesco.org/images/0011/001177/117772eo.pdf
［6］ たとえば、小川潔・伊東静一・又井裕子（編著）（2008）『自然保護教育論』筑波書房 が参考になる。
［7］ 国連が設置した「環境と開発に関する世界委員会」が1987年に出した報告書 "Our Common Future"（邦題『我ら共有の未来』）で取り上げた概念。"Our Common Future" の本文は http://www.un-documents.net/wced-ocf.htm。「Our Common

注

　Future」の日本語の概要版は環境省の次のサイトにある。http://www.env.go.jp/council/21kankyo-k/y210-02/ref_04.pdf
［8］「国連持続可能な開発のための教育の10年」関係省庁連絡会議、「わが国における「国連持続可能な開発のための教育の10年」実施計画」http://www.cas.go.jp/jp/seisaku/kokuren/keikaku.pdf
［9］　NPO法人「持続可能な開発のための教育の10年」推進会議（ESD-J）のHP（http://www.esd-j.org/）にESD関連の情報がある。
［10］　たとえば、中野民男（2001）『ワークショップ ── 新しい学びと創造の場』岩波新書 が参考になる。
［11］　田中優（2006）『戦争って、環境問題と関係ないと思ってた』岩波ブックレット が参考になる。
［12］　井上有一（2009）「環境世界論」『生命／環境の哲学』岩波書店
［13］　チェンバーズ, N.・シモンズ, C.・ワケナゲル, M.／五頭美知（訳）（2005）『エコロジカル・フットプリントの活用 ── 地球１コ分の暮らしへ』合同出版 が参考になる。
［14］　農業温暖化ネット（社団法人全国農業改良普及支援協会）のHP（https://www.ondanka-net.jp/index.php）が参考になる。
［15］　日本フランチャイズチェーン協会のHP（http://jfa.jfa-fc.or.jp/）が参考になる。
［16］　国連開発計画東京事務所のHP（http://www.undp.or.jp/mdgsafrica/）がアフリカのミレニアム開発目標（MDGs）についてわかりやすい。
［17］　フィエン, J.／石川聡子ほか（訳）（2001）『環境のための教育 ── 批判的カリキュラム理論と環境教育』東信堂
［18］　全国地球温暖化防止活動推進センターのホームページ（http://www.jccca.org/index.php）が参考になる。
［19］　たとえば、田中弥生（2008）『NPO新時代』明石書店 が詳しい。
［20］　国立教育政策研究所のホームページからダウンロードできる。http://www.nier.go.jp/kaihatsu/shidou/shiryo01/kankyo02.pdf

第３章　人権教育を核とするシティズンシップ教育

［1］　Audrey Osler and Hugh Starkey（2005）*Changing Citizenship*. Open University Press.［清田夏代・関芽（訳）（2009）『シティズンシップと教育』勁草書房］
［2］　人権教育の指導方法等に関する調査研究会議（2009）『人権教育の推進に関する取組状況の調査結果について』文部科学省
［3］　この点についてより詳しくは、拙稿参照。森実（2010）「行動力を育む系統的人権学習の確立を」『部落解放』第628号，2010年4月所収
［4］　UNESCO（1998）"Citezenship education for the twenty-first century". 翻訳及び強調のゴシックは森による。
［5］　同上。翻訳と強調のゴシックは森による。

［6］ 同上。翻訳と強調のゴシックは森による。
［7］ UNESCO（1980）"The Teaching of Human Rights". pp. 249-250. および、森実（2000）「『人権教育の四つの側面』に関する考察」『大阪教育大学教育実践研究』第9号所収 を参照。
［8］ UNESCO（1998）"Citezenship education for the twenty-first century" paragraph 1. 翻訳は森による。

第4章　民主主義を支えるしくみとしての＜メディア＞とその理解
［1］ 河野義行（2001）『『疑惑』は晴れようとも ── 松本サリン事件の犯人とされた私』文藝春秋
［2］ 詳しくは、 MBCによる以下のサイトを参照のこと。http://www.museum.tv/debateweb/html/history/1960/headlines.htm
［3］ たとえば、以下を参照のこと。
　小松健一（1994）『ムスタンの真実 ── 「やらせ」現場からの証言』リベルタ出版
　森達也（2005）『ドキュメンタリーは嘘をつく』草思社
　「発掘！あるある大辞典」調査委員会（2007）「関西テレビ『発掘！あるある大辞典』調査委員会報告書概要」関西テレビ放送株式会社（http://www.ktv.co.jp/info/grow/pdf/070323/houkokusyogaiyou.pdf）2010.5.23 最終閲覧
　関西テレビ放送株式会社（2007）「『発掘！あるある大辞典』に関する有識者による調査委員会の報告書を受けて」関西テレビ放送株式会社（http://www.ktv.co.jp/info/grow/pdf/070327/ktv_houkokusyogaiyou.pdf）
［4］ 森田英嗣（編著）（2000）『メディア・リテラシー教育をつくる』アドバンテージサーバー
［5］ 鈴木みどり（編著）（2000）『Study Guide メディア・リテラシー』リベルタ出版
［6］ 森田英嗣（2004）「情報社会における学校図書館利用者教育のカリキュラムとパラダイム」塩見昇ほか『学習社会・情報社会における学校図書館』風間書房, pp. 81-145.
［7］ Eisenberg, M. B. & Berkowitz, R. E.（1990）*Information Problem-Solving: The Big Six Skills Approach to Library and Information Skills Instruction*, Albex.
［8］ アメリカ・スクール・ライブラリアン協会, 教育コミュニケーション工学協会／同志社大学学校図書館学研究会訳（2000）『インフォメーション・パワー ── 学習のためのパートナーシップの構築』同志社大学
［9］ 石原千秋（2005）『国語教科書の思想』筑摩書房
［10］ Domaill, K. & Buckingham, D.（2001）. *Survey Report on Approaches to Youth Media Literacy*. UNESCO.（http://portal.unesco.org/ci/en/ev.php-URL_ID=27308&URL_DO=DO_PRINTPAGE&URL_SECTION=201.html）2010.5.23 最終閲覧
　森田英嗣（2005）「普通教科『情報』の教科書を読む」『教育実践研究』第5号, pp. 31-41.

［11］　森田（2004）前掲 注［6］
［12］　中善則（2006）「中学校を地域社会の交信基地に」森田英嗣・矢野洋（編）『人権教育と情報・メディア教育のコラボレーション』明治図書, pp. 86-100.

第5章　消費者教育をとおして育てるシティズンシップ

［1］　奥谷めぐみ・鈴木真由子（2010a）「子どもをとりまく消費文化の実態とリスク —— 求められる消費者教育の視点」『消費者教育第30冊』日本消費者教育学会（発行予定）
［2］　今井光映・中原秀樹（編）（1994）『消費者教育論』有斐閣ブックス
［3］　日本消費者教育学会（編）（2007）『新消費者教育 Q＆A』中部日本教育文化会
［4］　花城梨枝子（2009）「消費者シティズンシップ教育試案 —— よりよい社会のための責任ある経済投票権の行使」『国民生活研究』国民生活センター，第49巻，第3号，pp. 43-57.
［5］　科学的に立証されている事実と関係なく、食品や栄養が健康に与える影響を過大評価して信じること。
［6］　高橋久仁子（2007）『フードファディズム —— メディアに惑わされない食生活（シリーズ Cura）』中央法規出版
［7］　情報機器を使える人とそうでない人との間に発生する待遇、機会、経済等の格差。情報機器を購入できる経済力のある人が、それを駆使して有益な情報を入手し、さらに経済力を増すため、経済格差が広がるとされる。
［8］　製造物の欠陥によって、他人の生命・身体・財産に対して損害が発生した場合、製造業者等に対する損害賠償責任を定めたもの。民法では、過失の有無が問題となるが、PL法は欠陥の有無を問う無過失責任主義をとる。日本のPL法は欠陥の立証責任が消費者側にある点が、問題視されている。
［9］　グリーンコンシューマー全国ネットワーク（編）（1999）『グリーンコンシューマーになる買い物ガイド』小学館
［10］　安田憲司（2005）「21世紀型消費者政策の展開」日本消費者教育学会（編）『消費生活思想の展開 —— 現代消費者教育論』税務経理協会, pp. 3-14.
［11］　市場原理に基づく自由競争をベースに競争秩序を強化することで経済の効率化・活性化を図ろうとする考え方。自由競争の名の下に優れたものが勝ち残り、劣ったものは淘汰されることを前提とする。アメリカのレーガン政権による「レーガノミクス」、イギリスのサッチャー政権による「サッチャリズム」に代表される。
［12］　御船美智子（編著）（2006）『消費者科学入門』光生館
［13］　「法令遵守（順守）」つまり、法律・条令等の規律を守り従うこと。ただし、企業活動におけるコンプライアンスには、業界や企業の自主規制や企業倫理を守ること、およびそのための環境を整備することといった意味も含まれる。
［14］　http://blogs.consumerreports.org/cars/2010/04/consumer-reports-2010-lexus-gx-dont-buy-safety-risk.html（2010.06現在）

[15] IOCU は、1995年に CI（Consumers International）へ名称が変更された。
[16] 今井・中原（1994）前掲 注［２］, p. 8.
[17] Nader, R.（1965）*Unsafe at Any Speed: The designed-in dangers of the American automobile*. Grossman Publishers.
[18] 内閣府（2009）『平成20年版国民生活白書　消費者市民社会への展望 ── ゆとりと成熟した社会構築に向けて』社団法人時事画報社, p. 81.
[19] Bannister, R. & Monsma, C.（1982）*Classification of Concepts in Consumer Education*. South-Western Publishing.
[20] 今井・中原（1994）前掲 注［２］
[21] Goodheart-Willcox Publisher "The Confident Consumer, 7th Edition" http://www. g-w. com/SelectedBook. aspx?CatID= 1 &BookID=64（2010. 03 現在）によると、このテキストはジョージア州、インディアナ州、ノースカロライナ州、サウスカロライナ州、テキサス州、ユタ州の５州で採択されている。
[22] カナダで始められた「問題解決型授業」。問題（学習テーマ）を解決するために、学習者が主体的に調べ、議論し、解決策を立案・実践・評価する一連の学習プロセス。医学系・看護系を中心に拡大し、教育系での展開も試みられている。チューター制を導入した少人数のグループ活動を軸にした学習形態に特徴がある。工学系では「企画」"Project-based Learning" として、少人数でプロジェクトを完遂させる学習を指す場合もある。
[23] 荒井紀子・鈴木真由子・綿引伴子（2009）『新しい問題解決学習 ── Plan Do See から批判的リテラシーの学びへ』教育図書
[24] Laster, J. F.（2008）Nurturing critical literacy through practical problem solving. *Journal of the Japan Association of Home Economics Education*, Vol. 50, No. 4, 261-271.
[25] 今井・中原（1994）前掲 注［２］, pp. 13-14.
[26] 日本消費者教育学会（編）『消費生活思想の展開 ── 現代消費者教育論』税務経理協会
[27] 内閣府（2009）『平成20年版国民生活白書　消費者市民社会への展望 ── ゆとりと成熟した社会構築に向けて』社団法人時事画報社, p. 2.
[28] 同上
[29] 調査対象は全国の15歳以上80歳未満の男女4,163人（無回答を除く）。
[30] ただし、正確な質問は「あなたは、<u>事業者の環境問題への取り組みや法令遵守の状況などの要素も考慮した消費行動を</u>、ご自分が行うことによって、社会が変わると思いますか。（○は１つ）」（下線筆者）であり、下線部の条件を含んだ結果として読み取る必要がある。したがって「社会のために自ら行動すべきという個人も増えている」（国民生活白書, p. 3）という解釈の是非については検討の余地がある。
[31] 社会的価値の実現を経済的手段で解決しようとすること。株式投資の際、利益率など財務的な判断のみならず、環境対応や社会的活動の評価を加えた手法。

［32］　http://www.fairtrade-jp.org/about_fairtrade/fairtrade/（2010.06 現在）
［33］　http://www.fairtrade.net/（2010.06 現在）
［34］　内閣府（2009）『平成20年版国民生活白書　消費者市民社会への展望 —— ゆとりと成熟した社会構築に向けて』社団法人時事画報社, pp. 40-41.
［35］　同上, p. 5.
［36］　企業の社会的責任。企業活動において、利潤を追求するだけでなくステークホルダー（利害関係者：消費者、従業員、地域社会、株主など）との関係を重視しながら社会的に公正を保つなど、責任ある行動をとること。コンプライアンスや環境保護、製品の安全管理、労働環境の整備なども含まれる。
［37］　Hollister, B., Will, R., & Marlin, A. T. (1994) *Shopping for a Better World: The quick and easy guide to all your socially responsible shopping*. Sierra Club Books.
　　『NPO 環境市民』は、日本版 "Shopping for a Better World" の作成へ向けて活動しており、2010年の発行をめざしている。
［38］　プロシューマーは、生産的な消費者（Productive Consumer）、あるいは先見的な消費者（Proactive Consumer）と呼ばれることもある。ウェブ上でソースコードが公開されているオープンソースソフトウェア（たとえば Linux, Open Office など）の開発に関わった人たちもプロシューマーといえる。
［39］　トフラー, A. ／鈴木健次ほか（訳）(1980)『第三の波』日本放送出版協会.
［40］　http://www.cuusoo.com/（2010.06 現在）
［41］　鈴木真由子（2007）「ものづくりと消費・経済をむすぶ学び」日本家庭科教育学会（編）『生活をつくる家庭科第3巻　実践的なシティズンシップ教育の創造』ドメス出版, pp. 89-102.
［42］　荒井紀子・鈴木真由子・綿引伴子（2009）　前掲 注 [23]
［43］　三好由紀・鈴木真由子（2009）「日ごろの生活を振り返り、問い直す —— お金やものの使い方を考えよう！」北陸家庭科授業実践研究会（編）『子どもの思考を育む家庭科の授業』教育図書, pp. 14-23.
［44］　鈴木真由子（2007）　前掲 注 [41]
［45］　奥谷めぐみ・三好由紀・鈴木真由子（2010）「お弁当づくりをとおして学ぶ消費者の役割 —— プロシューマーになろう」『教科教育研究』大阪教育大学教科教育研究会第9巻, pp. 57-63.
［46］　本来は14時間計画であったが、企業の担当者とのやりとりに時間がかかり、20分程度超過したため14.5時間とした。

第6章　シティズンシップと学校教育

［1］　『いんふぉめーしょん／子どもの人権連』子どもの人権連事務局 No. 105, 2006年11月号
［2］　鹿島和夫・灰谷健次郎（1994）『一年一組せんせいあのね　それから』理論社
［3］　小西健二郎（1955）『学級革命』牧書店

［4］　前掲書
［5］　浜田千春(2005)「子どもの参加型街づくり～ハートランドはちまん議会ジュニア」財団法人アジア・太平洋人権情報センター（編）『子どもの参加 —— 国際社会と日本の歩み』解放出版社
［6］　平野裕二（2005）「子どもの権利としての『子ども参加』」財団法人アジア・太平洋人権情報センター（編）『子どもの参加 —— 国際社会と日本の歩み』解放出版社
［7］　文部科学省（2008）『小学校学習指導要領』平成20年告示
［8］　文部科学省（2003）「学校教育に関する意識調査」
［9］　園田雅春（1995）『園田雅春流学級リフレッシュ術』明治図書
［10］　セルビー，D.（1995）「子どもに優しい学校をつくるのに必要なこと」クレヨンハウス『月刊子ども論』12月号
［11］　文部科学省（2008）『小学校学習指導要領解説　社会編』
［12］　小玉重夫（2008）『シティズンシップの教育思想』白澤社，p. 170.
［13］　阿部悠子（2010）「走れ！毎小特派員」『毎日小学生新聞』毎日新聞社，5月7日付
［14］　品川区教育委員会（編）（2009）『市民科 指導の手引き』品川区教育委員会, p. 10.
［15］　ブーレグレーン，S. 絵と文／にもんじまさあき（訳）（2009）『10歳からの民主主義レッスン —— スウェーデンの少女と学ぶ差別，貧困，戦争のない世界の原理』明石書店
［16］　文部科学省（2008）『小学校学習指導要領』第6章「特別活動」平成20年告示

終章　日本で「シティズンシップ教育」を立ち上げるということ
［1］　戸田善治（2005）「『シティズンシップ・エデュケーション』論の社会科教育学的検討」全国社会科教育学会第54回全国研究大会［2005. 10. 29 広島大学］、シンポジウム資料, http://wwwsoc. nii. ac. jp/jssra/toda. pdf（2010. 5. 23 最終閲覧）
［2］　同上
［3］　阿部謹也（1999）『日本社会で生きるということ』朝日新聞社
［4］　阿部謹也（1995）『「世間」とは何か』講談社
［5］　日本青少年研究所（2009）『中学生・高校生の生活と意識 —— 日本・アメリカ・中国・韓国の比較』日本青少年研究所

索　引

■人　名

アイゼンバーク（Eisenberg, M. B.）
　　103, 104
阿部謹也　187, 188
井上有一　43
カーター（Carter, H.）　95
ガードナー（Gardner, H.）　89
キャンベル（Campbell, S. R.）　136
ケネディ（Kennedy, J. F.）　97
コーガン（Cogan, J.）　15
小玉重夫　171
小西健二郎　159
鈴木善次　35, 36
セルビー（Selby, D.）　168
ディランティ（Delanty, G.）　13
デリコット（Derricott, R.）　15
デュール（Dürr, K.）　23
戸田善治　185, 186
トフラー（Toffler, A.）　144
中善則　115, 118
ニクソン（Nixon, R. M.）　97
ネーダー（Nader, R.）　135
ハート（Heart, Roger A.）　4, 6, 7
バニスター（Bannister, R.）　136
ハラップ（Harap, H.）　133
ハルドーソン（Halldorson, L.）　6, 7
平野裕二　161
フィエン（Fien, J.）　47, 50
福田弘　71
ホスキンス（Hoskins, B.）　14
マーシャル（Marshall, T. H.）　12, 13

嶺井明子　14
モンスマ（Monsma, C.）　136
吉村作治　95
ラスター（Laster, J. F.）　137

■事　項

あ行
アクティブ・シティズンシップ　11, 14, 16, 21
　――の指標　18
ADIDAS　78, 82
アドボカシー　55
意見表明権　158
意思決定　34, 96, 109, 136, 170, 181, 189
イメージ　95
EU　1, 11, 12, 16, 22, 23
インターネット　144, 152
ウィンウィン（win-win）　57
エコロジカル・フットプリント　43, 44
NPO　39
円投票　140, 142
エンパワメント　161, 162
欧州評議会（Council of Europe）　11, 13, 15, 22, 74
欧州若者議会（European Youth Parliament）　26
大阪教育大学　8, 66
お茶の水女子大学附属小学校　28
オーディアンス　102, 103

か　行

格差　2, 46, 52, 57, 58
学習指導要領　38, 40, 163, 168, 169
隠れたカリキュラム　173
学級活動　165
学級憲法　166, 167
環境　35
　　── 人種差別　46
　　── マネジメントシステム　50, 61
　　── 問題　34-36, 39, 43, 47, 50-53, 56, 58
環境教育　33-36, 40, 42, 43, 48, 55, 56, 58
『環境教育指導資料』　37, 56
教員養成教育　i
グリーンコンシューマー　129, 130, 140
グリーン消費者運動　135
クレーマー　143
グローバリゼーション（グローバル化）　2,
　12, 14-16, 19, 30, 34, 125, 127-129, 177
経済産業省　3, 11, 27
憲法　109, 110
合意形成　24, 57
公害教育　38
国語科　114
国際消費者機構（CI; IOCU）　130, 134
国際連合　76
「国連持続可能な開発のための教育の10年
　（DESD）」　41
国連人間環境会議　36
「子どもの権利条約」　156, 157, 161, 162,
　177
子どもの参加　155, 157, 160-165, 173
コミュニケーション　35, 58, 72
『コンシューマーレポート』　133, 134

さ　行

差別　3, 84
参加　4, 7, 13, 57, 188, 189, 191

　　── の車輪　6, 7
　　── のはしご　4, 5
資源管理　136
自然保護教育　38, 39
持続可能（性）　40
　　── な開発のための教育（持続発展教育,
　　ESD）　33, 37, 41, 42
　　── な消費　135
シティズンシップ　1, 11, 12, 33, 35, 47, 55,
　58, 60, 64
　　政治的 ──　172
　　ボランティア的 ──　172
シティズンシップ教育　1, 3, 8, 25, 42,
　65, 74, 78, 81, 84
　　民主主義的 ──　15, 74, 75
「シティズンシップ教育宣言」　3, 11, 27
児童会活動　170, 176
市民
　　── コンピテンシー　11, 19, 20
　　── 参加　136
社会
　　── 科（教育）　93, 97, 120, 185, 186
　　── 参加　3
　　── 的公正　43
自由　109, 112
　　── 主義　51
　　言論の ──　109-112
　　表現の ──　109-112
　　良心の ──　109
『10歳からの民主主義レッスン』　176
消費者
　　── オンブズマン制度　135
　　── の権利と責任　131
　　── 市民　123, 140, 142
　　── 市民社会　123, 135, 140, 141
消費者教育　125, 138, 139
　　── の定義　137

索　引

「消費者基本法」　124, 130
消費者庁　135
情報　93, 94
　　——リテラシー（教育）　93, 97, 103, 107, 108, 110, 114, 119, 120
人権起業家教育　81
人権教育　42, 65, 66, 68-71, 74, 75, 78
「人権教育のための国連10年」　76
新自由主義　i, 28, 51
ステレオタイプ　96
生産・制作　102, 103
政治
　　——的活動　190
　　——的機会　190
　　——的教養　191
　　——的シティズンシップ　172
　　——的存在　190
　　——離れ　23, 185
世間　187, 188
総合的な学習の時間　40, 61, 155, 163, 164, 165, 171, 176, 182

た　行

多重知能論　89
地球温暖化　34, 38, 45
知識基盤型経済　16
知識基盤社会　2
通信の秘密　109-111
テクスト　100, 102, 103
「テサロニキ宣言」　37, 41
デジタルデバイド（≒情報格差）　128
同和教育　65, 66, 84, 85, 87-90
「トビリシ勧告」　37, 57

な　行

「21世紀の高等教育——展望と行動」（ユネスコ）　i

「21世紀に向けたシティズンシップ教育」　14, 77
2分の1成人式　173-146
日本ユニセフ協会　156

は　行

バイマンシップ（buymanship）　124, 127
パブリック・アチーブメント　171
PISA 調査　78
PDCA サイクル　61, 62
批判的（critical）　15, 51, 58, 60
　　——思考（力）　125-127, 130, 137
　　——視点　7
　　——リテラシー　146
　　社会——的　52
　　社会——主義　52
PBL（Problem-based Learning）　137
貧困ライン　46
フェアトレード　140, 141
プロシューマー　144, 146
プロフェッショナリズム　50, 51, 53
焚書　109
「ベオグラード憲章」　37, 57

ま　行

マスメディア　94, 96, 97, 108, 114　→ メディア
まちづくり人権総合学習　78
民主化　185, 191
民主主義　34, 41, 43, 96, 110, 185, 186
　　——的シティズンシップ教育　15, 22, 74, 75
「民主主義的シティズンシップ教育と人権教育に関する欧州評議会憲章」　74
メディア　93, 94　→ マスメディア
　　——教育　113
　　——研究モデル　101

— 205 —

―― リテラシー（教育） 93, 97, 100, 103, 108, 110, 114, 119, 120

や 行

ユネスコ　i, 14, 36, 47, 76, 77

ら 行

リスボン戦略　16, 17
倫理　112
―― 綱領
六大スキル（情報リテラシーの）　103, 104, 119

著者紹介（執筆順）

中山　あおい（なかやま　あおい）［第1章］
大阪教育大学国際センター准教授。比較教育学
異文化間教育の観点から、多様なルーツをもつ子どもとシティズンシップの関係について関心があります。ヨーロッパ、特にドイツの教育について調査をしています。
主な著書に、中山あおい著「欧州評議会のシティズンシップ教育」（嶺井明子編著『世界のシティズンシップ教育』東信堂、2007年）、中山あおい著「ドイツ―異文化間教育の背景と実践」（天野正治、村田翼夫編著『多文化共生社会の教育』玉川大学出版部、2001年）、など。

石川　聡子（いしかわ　さとこ）［第2章］
大阪教育大学理科教育講座准教授。環境教育、科学教育
持続可能性に向けての教育、社会批判主義からアプローチする環境教育、科学の本質や社会における科学技術を扱う科学教育に関心があります。市民として、地域で環境NPOの活動をしています。
主な著書に、石川聡子編著『プラットフォーム環境教育』（東信堂、2007年）、J. フィエン著、石川聡子他訳『環境のための教育―批判的カリキュラム理論と環境教育』（東信堂、2001年）、など。

森　実（もり　みのる）［序章・第3章］
大阪教育大学教職教育研究開発センター教授。人権教育学、社会教育学
同和教育を出発点に、人権教育や識字教育、持続可能な開発のための教育などに関心を広げてきました。この10年間ほどは、アイヌ民族など先住民族の教育、多様性教育にとくに関心を強めています。
主な著書に、大阪多様性教育ネットワーク・森実編著『多様性教育入門』（解放出版社、2005年）、岡本正子・二井仁美・森実編著『教員のための子ども虐待理解と対応』（生活書院、2009年）、など。

森田　英嗣（もりた　えいじ）［第4章・終章］
大阪教育大学実践学校教育講座教授。教育工学
算数・数学科の授業をとおして、外国との授業の比較を通した学習研究を行ってきました。また、メディア教育関係のカリキュラムにも関心をもち、メディアごとに分散しがちなカリキュラムを統合できる領域としてシティズンシップ教育に興味を持ち始めました。
主な著書に、桂正孝監修、森田英嗣・矢野編著『人権教育と情報・メディア教育のコ

ラボレーション』（明治図書、2006年）、森田英嗣著「期待と信頼を寄せる学校図書館――実践校に見る課題」（塩見昇編『教育を変える学校図書館』風間書房、2006年）、など。

鈴木　真由子（すずき　まゆこ）[第5章]
大阪教育大学家政教育講座准教授。家庭科教育、生活経営
生活経営をベースにして、家庭科教育のカリキュラム、消費者教育の教材開発、いのちの教育の方法論などに関心を持って研究しています。シティズンシップは、これらに共通するキー概念と考えています。
主な著書に、荒井紀子・鈴木真由子・綿引伴子著『これからの問題解決学習――Plan Do See から批判的リテラシーの学びへ』（教育図書、2009年）、家庭科教育学会編、鈴木真由子他著『生活をつくる家庭科――実践的なシティズンシップ教育の創造』（ドメス出版、2007年）、など。

園田　雅春（そのだ　まさはる）[第6章]
大阪教育大学実践学校教育講座教授。教育方法学
学校現場の経験が長く、学級・学校における自治的文化活動や協同学習を通じた子どもの集団的自尊感情形成に強い関心を持っています。レリバンス、リフレーミング、シティズンシップが現在の3大関心事です。
主な著書に、園田雅春著『いま『学級革命』から得られるもの――小西健二郎の実践思想とスキル』（明治図書、2010年）、園田雅春著『学校はドラマがいっぱい――育てよう自尊感情』（法蔵館、2002年）、など。

シティズンシップへの教育

初版第1刷発行	2010年10月20日 ⓒ

著　者　中山あおい・石川聡子・森　　実
　　　　森田英嗣・鈴木真由子・園田雅春
発行者　塩浦　瞳
発行所　株式会社　新曜社
　　　　101-0051　東京都千代田区神田神保町2-10
　　　　電話（03）3264-4973（代）・FAX（03）3239-2958
　　　　E-mail：info@shin-yo-sha.co.jp
　　　　URL：http//www.shin-yo-sha.co.jp/

印　刷　亜細亜印刷　　　　　　　Printed in Japan
製　本　イマキ製本所
　　　　ISBN978-4-7885-1211-5　C1037

―――――――――― 新曜社の関連書 ――――――――――

今津孝次郎・樋田大二郎編
続・教育言説をどう読むか
●教育を語ることばから教育を問いなおす　　　四六判並製・2700円

今津孝次郎・樋田大二郎編
教育言説をどう読むか
●教育を語ることばのしくみとはたらき　　　四六判並製・2500円

J. ダーリング・ハモンドほか編／秋田喜代美ほか訳
よい教師をすべての教室へ
●専門職としての教師に必須の知識とその習得　　　四六判並製・1600円

武田忠
「生きる力」を育む授業
●いま、教育改革に問われるもの　　　四六判並製・2500円

Y. エンゲストローム／山住勝広ほか訳
拡張による学習
●活動理論からのアプローチ　　　四六判上製・3500円

山住勝広・Y. エンゲストローム編
ノットワーキング
●結び合う人間活動の創造へ　　　四六判上製・3300円

西林克彦
間違いだらけの学習論
●なぜ勉強が身につかないか　　　四六判並製・1800円

西林克彦
「わかる」のしくみ
●「わかったつもり」からの脱出　　　四六判並製・1800円

藤澤伸介
ごまかし勉強上・下
●上：学力低下を助長するシステム　　　四六判並製・1800円
●下：ほんものの学力を求めて　　　四六判並製・1800円

吉田甫
学力低下をどう克服するか
●子どもの目線から考える　　　四六判並製・2200円

（表示価格は税抜きです）